par l'abbé Claude Fleury

P.

F. 4942.
C.

F

25618

HISTOIRE

DU

DROIT FRANCOIS.

HISTOIRE

DU

DROIT FRANCOIS.

par Claude Fleury.

A PARIS,

Chez MICHEL LE PETIT, ruë S. Iacques,
à la Toison d'or.

M. DC. LXXIV.

AVEC PRIVILEGE DV ROY.

[illegible]

M. DC. LXXIX.

[illegible]

[illegible]

HISTOIRE
DU DROIT
FRANÇOIS.

A VANT que les Francs entraſſent dans les Gaules on y vivoit ſuivant les Loix Romaines ; qui continuerent d'y eſtre obſervées ſous les Rois de la premiere race, mais avec quelque mélange de loix barbares : & les Rois de la seconde race n'y ajoûterent que leurs Capitulaires. Les desordres du dixiéme siecle confondirent toutes ces loix: ensorte qu'au commencement de la troisiéme race de nos Rois il n'y avoit point d'autre droit qu'un usage fort incertain. À quoy les Savans ayant joint ensuite l'étude du droit Romain, leurs decisions mélées avec cét ancien usage ont formé les Coûtumes, qui subsistent encore, & qui ont esté depuis écrites par autorité publique. Enfin les Rois ont estably plusieurs droits nouveaux par leurs Ordonances. C'est tout ce

que je me propofe d'expliquer dans cét écrit; & j'ef-
pere que l'on me pardon-
nera fi j'ufe quelquefois de
conjectures, quand on con-
fiderera combien cette matiere a efté peu éclaircie jufques à prefent. J'apelleray
droit ancien celuy qui a efté
en ufage jufques au dixiéme
fiecle, parce que la fuite en
a efté tellement interrom-
puë, que l'on ne peut dire
qu'il en refte rien d'entier
qui foit encore en vigueur:
& je nommeray droit nou-
veau tout ce qui a efté fuivi
fous les Rois de la 3.me race,
parce qu'encore qu'il y ait
eu de grands changemens
de Loix & de Maximes,

on y void toutefois une tradition fuivie que l'on peut
conduire jufques à nous.

Je ne croy pas qu'il foit
à propos de remonter juf-
ques aux Gaulois , ny de
nous mettre fort en peine
de leur droit. Il n'en refte
pas de memoire affez dif-
tincte , & il n'eft pas vray-
femblable qu'apres tant de
changemens il nous foit
demeuré quelque chofe
qui vienne d'eux imme-
diatement. Voicy toute-
fois une legere idée de
leurs mœurs & de leur
police tirée de Jules Ce-
far ; où peut-eftre quel-
qu'un trouvera du raport
avec les manieres de nos

derniers fiecles. Toute la Gaule eftoit divifée entre plufieurs petits Peuples indépendans lès uns des autres, dont les noms font demeurez pour la plufpart aux Villes qui en eftoient les Capitales, comme Paris, Sens, Tours, & grand nombre d'autres. Il n'y avoit que deux fortes de perfonnes qui fuffent en quelque confideration, qui eftoient les Druides & les Chevaliers. Le refte du peuple eftoit dans une efpece de fervitude. Il ne pouvoit rien entreprendre de luy-mefme, & n'eftoit appellé à aucune deliberation, plufieurs mefme cedant à la rigueur de leurs Creanciers ou à la tyranie des Nobles, se rendoient effectivement leurs esclaves. Les Druides avoient la conduite de tout ce qui regardoit la Religion & les Etudes, & rendoient la Justice mesme en matiere criminelle, dans de grandes Assemblées qui se tenoient tous les ans. Leur autorité estoit fort grande, & ils estoient exempts d'aller à la guerre & de payer aucun tribut. La peine de ceux qui ne leur obeïssoient pas estoit une espece d'excommunication. Car ils estoient exclus des Sacrifices, ils passoient pour

impies & pour scelerats ,
tout le monde fuyoit leur
rencontre , & ils ne pou-
voient recevoir aucun honneur, ny mesme poursuivre
leurs droits en Justice. Les
Chevaliers portoient tous
les armes, & alloient tous
à la guerre quand il y en a-
voit, ce qui arrivoit entre
ces petits Etats presque
tous les ans. Le plus grand
honneur de ces Chevaliers
estoit d'avoir un grand
nombre de personnes qui
leur fissent la Cour & qui
les suivissent aux occasions:
& ils ne souffroient point
que leurs enfans parussent
devant eux en public qu'ils
ne fussent en âge de por-

ter les armes. On peut voir tout cecy plus au long dans Cesar mesme, & dans un Recueil des Loix d'Allemagne de Goldast, où les anciennes Coûtumes des Gaulois & des Germains sont rapportées dans les propres termes de César & de Tacite, & rangées sous certains titres.

A mesure que les Romains étendirent leurs conquestes dans les Gaules, leur langue, leurs mœurs, & leurs loix s'y établirent aussi comme dans les autres païs. Car tout l'Empire Romain ne faisoit qu'un grand corps gouverné par un même esprit, & toutes les

Il est intitulé *Collectio Consuet. legum Imper. &c.* imprimé à Fraç-Fort en 1613.

parties qui le compoſoient eſtoient fort unies par le beſoin qu'elles avoient les unes des autres. Tous les Gouverneurs des Provinces & tous leurs Officiers juſques aux Appariteurs eſtoient Romains naturels, ſans compter le reſte de leur ſuite qu'ils appeloient la Cohorte & qui eſtoit toûjours fort grande : & leurs Emplois duroient ſi peu que le ſéjour des Provinces ne pouvoit pas faire en eux de changement conſiderable, C'eſtoit des Romains & meſme des Chevaliers qui eſtoient publicains ou fermiers des revenus publics.

Les Soldats qui compo-
foient les Legions eftoient
auffi Romains : & outre
toutes ces perfonnes qui
eftoient dans les Provin-
ces pour le fervice de
l'Etat, il y avoit toûjours
grand nombre de Citoyens
Romains qui y demeu-
roient pour leurs affaires
particulieres, des Ban-
quiers, des Marchands, &
ceux qui s'appliquoient à
cultiver les terres, ou à
nourrir les beftiaux, particulierement où il y avoit
des Colonies. Plufieurs même fans fortir de Rome ou
de l'Italie tiroient de grans
revenus des Provinces par
le moyen de leurs efclaves.

D'autre part les Habitans des Provinces venoient souvent à Rome ou pour les affaires publiques de leur païs en qualité de Deputez, ou pour leurs affaires particulieres, ou pour faire leur Cour, ou par curiosité. Et les plus considerables avoient droit d'hospitalité avec les Citoyens les plus puissants, ou du moins estoient sous leur protection. Il y en avoit mesme qui s'establissoient à Rome, qui devenoient Citoyens, Senateurs & Magistrats : jusque là que plusieurs Empereurs estoient originaires des Provinces. Enfin ils deve-

noient souvent Romains
sans sortir de leur païs, par
le droit de Cité, qui s'ac-
cordoit non seulement à
des particuliers, mais à des
Villes entieres : & depuis
que l'Empereur Antonin
le donna à tous les sujets
de l'Empire, il y eut des
Romains de toutes nations.

Il est vray que ce grand
commerce n'aporta pas
tant de changement en
certaines Provinces que
dans les autres : Car les
Romains faisoient gran-
de difference entre les
Grecs, & tous les autres
qu'ils nommoient Barba-
res. Comme ils estoient
redevables aux Grecs de

toute leur politeſſe , & qu'ils tenoient d'eux les ſciences & les beaux arts, ils les conſidererent toûjours beaucoup , & contens de leur commander, ils les laiſſerent vivre pour la pluſpart ſuivant leurs anciennes Loix. Ils apprenoient le Grec plûtoſt que de les obliger à parler Latin, ils imitoient leurs manieres : & hors ce qui regardoit le commandement ou la police generale de l'Empire, les Grecs changerent plus les Romains, que les Romains ne changerent les Grecs. Au contraire ils mépriſoient fort les Barbares, parce qu'ils avoient également sur eux l'avantage de la politesse & celuy de la force : & ils croyoient ne leur pouvoir faire plus de bien que de leur apprendre à vivre à la Romaine. Aussi les barbares admiroient tout ce qui estoit Romain, & s'efforçoient d'imiter la maniere de vivre de leurs Maistres, qui estoit bien plus commode, plus honneste, & plus magnifique que la leur. Cette difference de mœurs partageoit tout l'Empire. La Grece & l'Orient, c'est à dire tout ce qui avoit esté sous la domination des successeurs d'Alexandre, parloit Grec

& gardoit les manieres
Grecques : tout le reste
parloit Latin & suivoit les
mœurs & les Loix Ro-
maines : & cette seconde
partie comprenoit à peu
prés ce qui composa de-
puis l'Empire d'Occident,
c'est à dire l'Afrique , la
Mauritanie , l'Espagne, la
Gaule , une partie des Isles
Britanniques , quelque peu
de la Germanie, la Rhetie,
la Pannonie, & l'Illyrie. Je
laisse à ceux qui ont leu
l'Histoire à juger si ces re-
marques sont veritables,
Car les autres auront peut-
estre quelque peine à croire qu'on parlât la mesme
langue à Cologne , à York,

à Lion, à Seville, & à Carthage, que l'on y fuſt gouverné par des Magiſtrats de meſme eſpece ; & que l'on y vêcût ſous les mêmes Loix.

Mais outre ces preuves generales, je pourrois montrer que la Gaule en particulier devint à la fin toute Romaine. On le void par le ſejour qu'y firent pluſieurs Empereurs, principalement dans le quatriéme ſiecle, par les écrits des Auteurs Gaulois, comme Auſone, Salvien, Sidonius ; par les noms des Gaulois, entr'autres des Eveſques, juſques vers le huitiéme ſiecle ; & par les noms

noms de tant de Villages & de Bourgs, comme Lagny, Perſy, Savigny, qui marquent encore que ces lieux eſtoient les Métairies de quelques Romains : & enfin par la langue que nous parlons qui tient plus du Latin ſans comparaiſon que d'aucune autre langue, malgré le mélange des peuples du Nort, qui ont poſſedé la Gaule depuis les Romains. Mais pour me renfermer dans mon ſujet, on ne peut douter que le droit Romain ne s'obſervaſt dans les Gaules, ſi l'on fait reflexion que l'un des quatre Prefects du Pretoire y faiſoit ſa reſi-

Latiniacus ager ou fundus Patriciacus Sabiniacus.

B

dence, & que ce Magistrat
estoit celuy qui rendoit la
justice souverainement à
la place de l'Empereur au
dessus de tous les Gouverneurs des Provinces : & si
l'on observe les inscriptions
de plusieurs Loix du Code
de Justinien qui témoignent
qu'elles ont esté faites pour
la Gaule ou pour des Gau-
lois. Que s'il y a quelqu'un
à qui il reste encore quelque doute sur ce point,
qu'il considere combien de
temps les Romains ont
possédé la Gaule paisiblement. Ils en ont jouy pendant cinq siecles entiers.
Cesar acheva sa conqueste
environ 50. ans avant la

naiſſance de Jesus-CHRIST:
& Merouée, qui fut le premier des François qui s'établit conſiderablement dans les Gaules, ne s'y établit qu'apres l'an 450. de l'Incarnation. Or il ſemble que ce qui a eſté en uſage dans un païs pendant cinq cens ans ne s'abolît pas aiſément, & que cet eſpace de temps eſt aſſez long pour y changer bien des choſes. Je croy donc pouvoir aſſurer ſans temerité, que lors que les François entrerent dans les Gaules, les Gaulois eſtoient tout Romains, qu'ils parloient Latin, & qu'ils vivoient ſuivant les loix Ro-

maines. Mais il est necessaire d'observer quel estoit
alors le droit Romain ; car
il n'y a personne qui ne
voye, que ce n'estoit pas
celuy de l'Empereur Justinien, qui ne fut fait que
pour les païs où il com-
mandoit, & environ cent
ans apres l'entrée des
Francs dans les Gaules.

Le droit Romain qui
estoit lors en usage estoit
contenu dans les Constitutions des Empereurs & dans
les livres des Jurisconsultes. Il y avoit trois Codes
où les constitutions estoient
recüeillies, le Gregorien,
l'Hermogenien, & le Theo-
dosien, qui venoit d'estre pu-

blié par l'Empereur Theo-
dofe le Ieune en quatre cent
trente-cinq, & qui con-
firmoit les deux precedens.
On y adjoufta dans la fuite
les Novelles de Theodofe
mefme & des Empereurs
qui luy fuccederent. Les
livres des Jurifconfultes
eftoient ceux qui font au-
torifez par le Code Theo-
dofien ; Sçavoir ceux de
Papinien, de Paul, de Caïus,
d'Ulpien, de Modeftin, &
des autres dont ils alleguent
les autoritez, qui font Se-
vole, Sabin, Julien & Mar-
cel. Cette reftriction fait
voir que les livres du refte
des Jurifconfultes dont nous
voyons des fragmens dans

L. un.
Cod.
Theo-
dof. de
Resp.
Prud.
v. glof.
Ania-
ni.

le Digeſte, n'eſtoient lors
d'aucune autorité, ou n'é-
toient plus connus en Oc-
cident. J'eſtime auſſi que
les textes de l'Edit perpe-
tuel, des Loix, des Plebiſ-
ſeites, des Senatuſconſul-
tes, & ſur tout de la Loy
des douze Tables, eſtoient
ou tres-rares ou tout à fait
perdus deſlors : puiſque
Juſtinien voulant dans le
ſiecle ſuivant faire un corps
parfait de tout le Droit,
ne l'a compoſé que des
Conſtitutions des Empe-
reurs & des traitez des Ju-
riſconſultes. La meſme cho-
ſe ſe prouve par la Confé-
rence des Loix Moſaïques
avec les Romaines que

l'on croit aussi estre du
temps de Theodose le jeune : puisqu'elle ne contient
que des passages des Iurisconsultes & des Constitutions tirées des trois Codes :
il y en a mesme tres-peu de
celuy de Theodose, qui peut
estre n'estoit pas encore
publié. La plus considerable partie de ce droit estoit
donc le Code Theodosien ;
ce fut le livre qui se conserva le plus long-temps
aprés la ruïne de l'Empire
d'Occident , & plusieurs
croyent que c'estoit ce
qu'ils appelloient simplement la Loy Romaine. En
effet Gregoire de Tours *Lib. 4.*
parle d'un certain Andar- *Ch. 41.*

chius qui eſtoit au ſervice de Sigebert fils de Clotaire I. dont il remarque entr'autres choſes, qu'il eſtoit fort ſçavant dans le livre de la Loy Theodoſienne.

Tel eſtoit le droit Romain receu dans les Gaules, vers l'an 450. voyons quel eſtoit le droit dès Barbares qui s'y vinrent établir. Nous n'en pouvons rien connoiſtre que par les livres; mais comme ils n'avoient aucun uſage des lettres en leur langue, leurs Loix n'ont eſté écrites qu'en Latin par des Romains apres leur établiſſement & leur converſion à la Religion Chreſtienne.

Dans

Dans les premiers temps
de leurs incurſions ils n'a-
voient encore que des
Couſtumes , qu'ils obſer-
voient dans les jugemens,
comme ils les avoient re-
ceuës de leurs peres ; & leur
maniere de vivre qui ne
leur donnoit pas grande
matiere de procez, ne leur
permettoit pas auſſi d'y
obſerver beaucoup de for-
malitez. Comme la guer-
re & la chaſſe , faiſoient
toute leur occupation , &
qu'ils n'avoient point d'ha-
bitations fixes ny d'autres
biens que des beſtiaux :
leurs differens ordinaires
n'eſtoient que pour des
querelles , ou pour des

larcins ; & on les decidoit
dans des Assemblées publiques , ou sur des déposi-
tions de témoins que l'on
entendoit sur le champ, ou
par le duel, ou par les é-
preuves de l'eau & du feu.
Les Romains quoy que
soumis à ces Barbares par
la force des armes ne les
imitoient en rien, & en
avoient horreur du com-
mencement, comme nous
en aurions des Cosaques,
ou des Tartares. D'ail-
leurs les Barbares qui ne
faisoient pas leurs con-
questes par ambition , ny
pour acquerir de la gloi-
re, mais pour butiner &
pour subsister plus com-

modement que dans leurs
miferables païs, fe conten-
toient d'eftre les maiftres,
& laiffoient vivre les Romains comme auparavant.
Au contraire, ils imitoient
eux-mefmes les mœurs Ro-
maines, & Agathias qui
écrivoit du temps des en-
fans de Clovis dit, en par-
lant des Francs, qu'ils n'a-
voient plus rien de barbare que l'habit & la Lan-
gue. En effet, nos pre-
miers Rois donnoient à
leurs Officiers les noms
des Officiers Romains. Ils
nommoient comme eux
les Gouverneurs de leurs
Provinces Ducs, Comtes,
Vicaires, & ceux qui fer-

voient auprés de leurs personnes Chanceliers , Re-
ferendaires , Cubiculaires ,
Domestiques , & en gene-
ral Palatins : Ils tenoient
à honneur eux mesmes, les
dignitez de Consuls & de
Patrices , & les noms de
Glorieux & d'Illustres, qui
n'estoient chez les Ro-
mains que des titres dont
on honoroit certains Ma-
gistrats , & n'estoient pas
les plus magnifiques. Leur
Monoye consistoit en
mesmes especes que la
Romaine, on la fabriquoit
à mesme titre , au moins
celle d'or ; & ils y es-
toient representez avec les
mesmes ornemens que les

Empereurs. Il est vrai que ces dernieres choses peuvent estre attribuées aux Chanceliers & aux Monetaires, qui estoient tous Romains. Quoi qu'il en soit, l'esprit & la politesse des Peuples vaincus les rendoit maîtres de leurs vainqueurs en tout ce qui demandoit quelque connoissance des lettres, ou quelque industrie.

Cette dépendance augmenta beaucoup par la conversion des Barbares à la foy Chrestienne. Ils revererent comme des personnes sacrées les Evesques & les Prestres, qu'ils admiroient déja comme des gens Savans & habiles, & pour lors les Romains commencerent à ne les plus regarder comme des gens si barbares, & à leur obeïr plus volontiers. C'estoit neanmoins encore deux peuples differents en langues, en habits, en coûtumes ; & leur distinction semble avoir duré en France pendant les deux premieres races de nos Rois, ou du moins jusques au Regne de Charles le Simple. Mais cette diversité se conserva particulierement dans les Loix ; & comme on estoit obligé de rendre la Justice à chacun selon la Loy sous la

 3r
quelle il estoit né, ou qu'il
avoit choisie, car ce choix
estoit permis, on jugea à
propos de rediger par écrit
les Loix, ou pour mieux
dire, les Coûtumes des
Barbares.

Ces Loix ont esté re-
cueillies sous le titre de
Code des Loix antiques,
en un seul volume, qui
comprend les Loix des
Visigots, un Edit de Theo-
doric Roy d'Italie, les
Loix des Bourguignons,
la Loy Salique qui estoit
celle des Francs, la Loy
des Allemans, c'est à dire,
des peuples d'Alsace &
du haut Palatinat, les Loix
des Bavarrois, des Ri-

puaires, des Saxons, des Anglois & celle des Frisons : la Loy des Lombards, qui est beaucoup plus considerable que les precedentes, les Capitulaires de Charlemagne, & les Constitutions des Rois de Naples & de Sicile. Comme il faudroit faire un gros Volume pour examiner chacune de ces Loix en particulier : je me contenteray de parler de celles qui ont le plus de rapport à la France. Toutesfois il est bon d'observer qu'il n'y en a aucune dont on ne puisse tirer de grandes lumieres pour l'Histoire, ou pour la Jurisprudence, & que celles qui ont esté faites pour les peuples les plus éloignez de nous, ne laissent pas de nous pouvoir estre utiles, plusieurs ayant esté redigées de l'autorité des Princes François : Joint que tous ces Peuples du Nort, venant de mesme origine ont conservé beaucoup de conformité ; & que dans chaque siecle il y a toûjours un certain air commun à toutes les Nations qui sont de mesme Religion, & qui ont commerce ensemble. Je parlerai de ces Loix suivant l'ordre des temps où elles ont esté écrites, qui a suivi à proportion l'ordre des conquestes & de l'établissement des Nations.

Les plus anciennes sont les Loix des Visigots, qui occupoient l'Espagne, & dans les Gaules une grande partie de l'Aquitaine ; & comme le Royaume des Visigots fut le premier qui s'établit ; aussi leurs Loix paroissent avoir esté écrites avant celles des autres Barbares. Elles furent premierement redigées sous Evarix, qui commença à regner en 466. & comme elles n'estoient faites que pour les Gots, son fils Alaric fit faire pour les

Romains, un Abregé du
Code Theodosien , par
Anien son Chancelier, qui
le publia en la ville d'Aire
en Gascogne. Cet Anien
y ajoûta quelques Inter-
pretations, comme une es-
pece de Glose, du moins
il y souscrivit pour leur
donner autorité : car on
n'est pas asseuré qu'il les
ait composées luy mesme.
Ce qui est certain est que
cét Abregé fut autorisé
du consentement des Eves-
ques , & des Nobles en
506. & que suivant ce que
remarque la Glose , l'on
y avoit voulu comprendre
tout le Droit Romain qui
estoit lors en usage , que

l'on tiroit comme il a esté marqué, tant des trois Codes que des Livres des Jurisconsultes. On fit dans la suite un autre Extrait de ce Code, qui ne contenoit que les Interpretations d'Anien, & qu'ils appelloient *Scintilla*. La Loy Gothique ayant esté augmentée par les Rois suivants, à la fin quand on crut y avoir assez ajoûté pour y trouver la decision de toutes sortes de differens, l'on en fit un corps divisé en XII. Livres : pour imiter, disent quelques uns, le Code de Justinien, quoi qu'il n'y ait aucun rapport dans l'ordre des matieres. On ordonna que ce Recüeil seroit l'unique Loy de tous ceux qui estoient sujets des Rois Gots, de quelque Nation qu'ils fussent ; & par ce moyen on abolit en Espagne la Loy Romaine, ou plûtost on la mesla avec la Gothique: car on en tira laplus grande partie de ce qui fut ajoûté aux anciennes Loix. Ce Recueil s'apelloit le Livre de la Loy Gothique, & le Roy Egica qui regna jusques en 701. c'est à dire 12. ans avant l'entrée des Mores en Espagne, le fit confirmer par les Evesques au 16. Concile de

Tolede l'an 693. On y
voit les noms de plusieurs
Rois, mais tous font de-
puis Recarede qui fut le
premier Roy Catholique.
Les Loix precedentes font
intitulées Antiques, fans
qu'on y ait mis aucuns
noms de Rois, non pas
mefme celuy d'Evarix, &
peut eftre a t'on fuprimé
ces noms en haine de l'A-
rianifme. Ces Loix Anti-
ques prifes feparément ont
grand raport avec celles
des autres Barbares, auffi
elles comprennent toutes
les Coûtumes des Goths
que le Roy Evarix avoit
fait écrire. Mais à pren-
dre la Loy Gothique en-

tiere, c'est sans doute la
plus ample comme la plus
belle de toutes celles des
Barbares, & l'on y trou-
vé l'ordre judiciaire qui
s'observoit du temps de
Justinien, bien mieux que
dans les Livres de Justinien
mesme : c'est le fonds du
Droit d'Espagne, & elle
s'est conservée en Languedoc long-temps apres que
les Gots ont cessé d'y commander, comme il paroist
par le second Concile de
Troyes, tenu par le Pape
Iean VIII. l'an 878.

La Loy des Bourgui-
gnons fut reformée par
Gondebaud l'un de leurs
derniers Rois, qui la pu-

blia à Lion le 19. Mars
de la seconde année de
son regne, c'est à dire, en
501. C'est du nom de ce
Roy que ces Loix furent
depuis nommés Gombet-
tes : & toutefois il n'en
estoit pas le premier Au-
teur. Il le reconnoist luy-
mesme , & Gregoire de
Tours le témoigne , lors
qu'il dit que Gondebaud
donna aux Bourguignons
des Loix plus douces pour
les empécher de maltrai-
ter les Romains. Il y a
quelques Additions qui
vont jusques en 520. ou environ, c'est à dire , dix ou
douze ans avant la ruïne
du Royaume des Bour-
guignons

guignons. Cette Loy fait mention de la Romaine, & l'on y voit clairement que le nom de Barbare n'estoit point une injure, puisque les Bourguignons mêmes pour qui elle est faite y sont nommez Barbares, pour les distinguer des Romains. Au reste comme ce qui obeïssoit aux Bourguignons est environ le quart de nostre France, on ne peut douter que cette Loy ne soit entrée dans la composition du Droit François.

Quant à la Loy Salique qui fut la Loy particuliere des Francs, sa Preface porte qu'elle avoit esté

écrite avant qu'ils euſſent
paſſé le Rhein, & les lieux
des Aſſemblées avec les
noms des quatre Sages qui
en furent les Autheurs y
ſont rapportez.   Mais
comme cette Hiſtoire eſt
ſuſpecte à quelques Sa-
vans, j'ay crû plus ſeur de
m'arreſter à l'édition que
nous en avons, ſans me
mettre fort en peine ſi
c'eſt la premiere redaction,
ou une reformation. Elle
fut faite de l'authorité des
Rois Childebert & Clo-
thaire, enfans de Clovis,
& il eſt dit expreſſement,
que l'on y abolit tout ce
qui reſſentoit le Paganiſ-
me dans les anciennes

couſtumes des Francs.

Mais il faut obſerver que nous avons deux exemplaires de cette Loy, conformes quant au ſens, & aſſez differens quant aux paroles. Le plus ancien qui eſt auſſi celuy qui a eſté imprimé le premier contient en la pluſpart de ſes articles des mots barbares, qui ſignifient les lieux où chaque deciſion avoit eſté prononcée, ou la ſomme des amandes taxées pour chaque cas. C'eſt ainſi que l'explique Mr Vandelin Official de Tournay, dans le Traité particulier qu'il a fait de la Loy Salique. L'autre exemplaire est l'édition de Charlemagne & c'est celuy que contient le Code des Loix Antiques. Il y a à la fin de ce dernier quelques Additions sous le nom de Decret des mêmes Rois Childebert & Clothaire, qui sont les resultats des Assemblées solemnelles du premier jour de Mars.

Il faut joindre à la Loy Salique, celle des Ripuaires, quoy que l'on ne sçache ny par qui, ny quand elle a esté redigée. Il est même assez difficile de déterminer quel Peuple c'étoit. Fauchet prétend que les Ribarols auprès de Liege en sont venus, & que c'estoit un nom de Francs comme le nom de Saliens, ce qui est assez vrai-semblable : Toutefois dans la Loy même les Francs & les Ripuaires sont nommez comme des Peuples differens. Mais au reste cette Loy contient les mêmes choses que la Loy Salique, & n'en est presque qu'une repetition.

Voyla quelles sont les Loix barbares, qui se rapportent proprement à nostre France, & apres en avoir expliqué l'Histoire & ce que chacune a de singulier : il est bon de dire en gros ce qu'elles contiennent, & d'en donner

une idée generale qui puif-
fe faire connoiftre à quoy
elles nous peuvent fervir,
Il ne faut pas que le nom
de Loix nous trompe &
nous faffe croire que celles - cy foient l'effet des
meditations de quelques
Sages , & l'ouvrage d'une
prudence confommée ,
comme celles d'Athenes,
ou de Lacedemone. Ce ne
font à proprement parler
que des Coûtumes écri-
tes , c'eft à dire, un Recueil de ce que ces peu-
ples avoient accouftumé
de fuivre dans le jugement
de leurs differens , com-
pofé par ceux qui en a-
voient le plus d'experien-

ce. On le void par l'an-
cien exemplaire de la Loy
Salique , qui a marqué en
langue barbare le nom des
lieux où de pareils juge-
ments avoient esté ren-
dus , & quelquefois la
qualité de l'action.

Ces Loix ont neant-
moins esté redigées par
autorité publique , & ap-
prouvées non seulement
par les Rois, mais aussi par
les Peuples, ou du moins
par les principaux qui les
acceptoient au nom de
toute la Nation. Ainsi la
Loy Salique est intitulée
le Pact, ou le Traité de
la Loy Salique ; & la Loy
des Bourguignons porte

les souscriptions de trente Comtes, qui promettent de l'observer eux & leurs descendans.

La principale matiere de ces Loix sont les crimes, & encore ceux qui sont les plus frequens entre les Peuples brutaux & farouches, comme le vol, le meurtre, les injures, les insultes, en un mot, tout ce qui se commet par violence, & il y a fort peu de chose qui regarde les successions & les contracts. Dans les Loix des Peuples nouvellement domptez & convertis, comme des Allemans, des Saxons, des Bavarois, il y a des peines parti-

particulieres contre les
Rebelles , & contre les
facrileges , par où l'on
peut juger que les Offi-
ciers publics, les Evefques
& les autres Ecclefiafti-
ques n'étoient pas en grande feureté chez ces Bar-
bares. On y voit mefme
quelque chofe de la forme
des jugements. Ils fe rendoient dans de grandes af-
femblées, où toutes les perfonnes de marque eftoient
contraintes de fe trouver
fous de certaines peines,
comme il paroift par la
Loy des Bavarrois. Pour
les preuves ils fe fervoient L. Ba-
plus de témoins que de ioar.
titres & d'écritures , veu tit. 15.

E

mesme que dans les commencements ils n'écrivoient point du tout ; & faute de preuves ils employoient le combat, ou faisoient des épreuves par les Elemens. Le combat estoit un Duel en champ clos qui se faisoit de l'Ordonnance des Juges, ou par les parties mesmes, ou par leurs Champions. Les épreuves se faisoient diversement : par l'eau bouillante où l'accusé devoit mettre le bras jusqu'à certaine mesure ; par l'eau froide dans laquelle il estoit plongé pour voir s'il iroit à fonds ; & quelquefois par le feu où l'on fai-

 ſi
ſoit rougir un fer que l'ac-
cuſé eſtoit tenu de porter
avec la main nuë le long
d'un certain eſpace, enſuite dequoy on luy envelop-
poit la main & on y met-
toit un ſceau, pour voir a-
pres quelques jours ſi le
feu auroit fait ſon effet.

Ces manieres de juger,
ſe ſont conſervées pendant
pluſieurs ſiecles & paſſoient
pour ſi legitimes, qu'elles
eſtoient appellées jugemens
de Dieu. Auſſi ſe faiſoient
ils avec des ceremonies
Eccleſiaſtiques, dont on
voit encore les Formes a-
vec les prieres des Meſſes
qui ſe diſoient à cette in-
tention, & les exorciſmes

E ij

de l'eau & du feu. La simplicité de ce temps faisoit
croire que Dieu estoit obligé de faire des miracles
pour découvrir l'innocen-
ce : & les Histoires rap-
portent plusieurs évene-
mens qui confirmoient cette creance. Quoy qu'il en
soit, ils n'avoient rien trouvé de plus commode que
cette espece de sort, pour
se determiner dans les affaires où ils ne voyoient
pas clair, & où leur pru-
dence estoit à bout. C'est
ce que les Canons appel-
lent Purgation vulgaire, qui
a toûjours esté condam-
née par l'Eglise Romaine
nonobstant la force d'un

usage presque universel :
& on l'appelloit vulgaire,
pour la distinguer de la purgation Canonique qui ne
se faisoit que par serment.

La qualité des peines
que prononcent ces Loix,
n'est pas moins remarqua-
ble que le reste. Pour la
pluspart des crimes elles
n'ordonnent que des a-
mendes pecuniaires, ou
pour ceux qui n'avoient
pas dequoy payer des coups
de foüet : Et il n'y en a
presque point qui soient
punis de mort, sinon les
crimes d'Estat. Ces pei-
nes sont nommées Com-
positions, comme si ce
n'estoit qu'une taxe de

dommages & interests, & cette estimation de chaque injure & de chaque coup paroist fort étrange selon nos mœurs. C'est proprement un tarif de toutes sortes de blessures, où l'on void une longue enumeration de toutes les parties du corps humain, mesme de celles que l'on eust deu se dispenser de nommer, & de toutes les manieres dont chaque partie peut estre offensée, avec les mesures de chaque playe selon toutes ses dimensions. Par exemple, on taxe en autant d'articles differents une main coupée, quatre doigts coupez, trois doigts,

Il y en a 164. articles dans la seule Loy des Frisons qui d'ailleurs est des plus courtes.

deux doigts, un doigt, & on distingue si c'est le poulce, l'indice, le doigt du milieu, & ainsi des autres, mesme en chaque doigt on distingue les jointures. On observe si la partie a esté tout à fait coupée, on si elle tient au reste du corps, & si c'est seulement une playe, on en exprime la longueur, la largeur & la profondeur. Il y a entre autres une estrange obseruation sur les playes de la teste, mais qui est repetée dans plusieurs Loix: on taxe en particulier le coup qui a fait tomber un os de la teste : & cét os n'estoit pas un petit es-

Ripuar. tit. 70. de offa sup. viâ son.

E iiij

quile du crane, il falloit qu'il fuft affez gros pour faire fonner un bouclier dans lequel il feroit jetté au travers d'un chemin large de douze pas. Les injures de paroles font taxées avec la mefme exactitude, & l'on y peut voir celles qui paffoient lors pour offençantes.

On ne s'aviferoit point aujourd'huy d'exprimer certaines actions qui font marquées en particulier dans ces Loix. Il eft parlé de celuy qui empefche un autre de paffer dans un chemin : de celuy qui dépouille une femme pour luy faire injure ; de celuy qui dé-

L. Alaman, tit. 60. L. Rongobard. tit. 105. de injur. fem.

terre un mort pour le dépouiller ; de celuy qui écorche un cheval malgré l'homme à qui il appartient. Enfin il y a des titres particuliers pour les larcins de toutes sortes de bestes jusques aux chiens, dont on y distingue les differentes especes. J'ay crû qu'il n'estoit point inutile d'entrer dans ce détail, pour donner quelque idée de ces Loix à ceux qui ne les ont pas leuës ; & pour faire imaginer quelles devoient estre les mœurs des peuples pour qui l'on faisoit de telles Loix.

Le stile dont elles sont écrites, est si simple & si succint, qu'il seroit fort

l. Sal. tit. 68.

clair, si tous les termes
estoient Latins; mais il est
tout remply de mots bar-
bares, soit faute de mots
Latins qui fussent propres,
soit pour leur servir de
glose. Ce qui est encore
une preuve bien claire de
ce que j'ay dit, que ces
Barbares n'écrivoient point
en leur langue. Car il eust
esté bien plus commode
d'écrire ces Loix en Alleman, que de les écrire en
Latin pour le remplir de
mots Allemans. Il paroist
toutefois que l'on écrivit
en langue Tudesque, un
siecle ou deux apres la redaction de ces Loix. Car
sans parler de l'ancienne

V. Fau-
chet de
la lan-
gue liv.
1. ch. 3.

version de l'Evangile, dont
nous avons des fragments
dans les inscriptions de
Gruter, nous avons les Loix
des anciens Anglois - Sa-
xons écrites en leur langue
vulgaire, depuis le Roy Ina
qui commença à regner en
712. jusques à Canut le Danois dont le regne finit en
1035. Ces Loix , pour en
dire un mot en passant, ont
beaucoup de rapport avec
les autres Loix des Barbares, & sont aussi faites dans
des assemblées d'Evesques
& d'anciens. Mais pour
revenir au stile de nos vieil-
les Loix, il faut distinguer
de toutes les autres les
Loix Gothiques dont le

ſtile eſt le plus latin ſuivant
la maniere de ce temps-là,
C'eſt à dire qu'il a moins
de mots barbares, mais
plus de grandes phraſes,
de diſcours ſuperflus, &
de mauvais ornemens.

Tel eſtoit le Droit particulier des Barbares. Ainſi
l'on peut aiſément voir
quel Droit s'obſervoit en
France ſous les Roys de la
premiere Race. Les Maî-
tres, c'eſt à dire les Françs
obſervoient la Loy Salique,
les Bourguignons la Loy
Gombette, les Goths qui é-
toient reſtez en grand nombre dans les Provinces qui
ſont au delà dela Loire,
ſuivoient la Loy Gothique,

& tous les autres la Loy Romaine. Les Ecclesiastiques qui estoient lors fort considerez, suivoient tous la Loy Romaine, de quelque nation qu'ils fussent. Il est vray qu'il y en avoit peu qui ne fussent Romains. Et quand ils auroient esté d'une autre nation, ils avoient toûjours grand interest de conserver la Loy Romaine, à cause des immunitez & des privileges qui leur estoient accordez par les Constitutions des Empereurs. De plus, ils suivoient le Droit Canonique, c'est à dire les regles des Conciles comprises dans l'ancien Code des

Canons de l'Eglise universelle, & quelques Decisions
des Papes qui estoient souvent consultez par les Evesques. Les Barbares aussi,
mesme les Francs, estoient
obligez en plusieurs ren-
contres d'avoir recours aux
Loix Romaines, parceque
leurs Loix particulieres
contenoient peu de matie-
res & peu de cas. Aussi Agathias témoigne que les
Francs suivoient les Loix
Romaines dans les Con-
tracts & dans les Mariages.
Et Aimoin rapporte que
du temps du Roy Dagobert
les enfans de Sadregisile
Duc d'Aquitaine, pour n'a-
voir pas vangé la mort de

Lib. 4.
f. 28.

leur Pere furent privez de la succession conformément aux Loix Romaines. Outre qu'il est raisonnable de croire, que ceux qui dressoient les Actes publics & qui écrivoient les lettres estant tous Romains, Clercs ou Moines, comme Marculphe, dont nous avons les formules, les faisoient autant qu'ils pouvoient conformes à leur Loy & à leur stile. C'estoit donc la Loy Romaine qui estoit universellement observée en France sous les Rois de la premiere Race, & on y dérogeoit seulement à l'égard des Barbares dans les cas où leurs Loix ordon-

noient nommément quel-
que chofe de different.

Charlemagne ayant réu-
ny fous fon Empire toutes
les Conqueftes des Francs,
des Bourguignons , des
Goths & des Lombards,
laiffa viure chaque peuple
felon fes Loix particulieres : Et comme ce grand
Prince s'appliquoit à refta-
blir l'ordre & la regle en
toutes chofes, il fit renou-
veller toutes ces Loix, &
peut-eftre luy avons-nous
l'obligation des exemplaires qui font venus jufques
à nous. En 788. il fit écrire le Code Theodofien fuivant l'edition d'Alaric Roy
des Vifigoths dont il a efté
parlé

parlé : & c'est de cette edition d'Alaric & de Char-
lemagne que nous avons
tout le Code Theodosien,
ou pluftoft l'abregé de tout
ce qu'il contenoit; car nous
n'en avons que la moitié
fuivant l'edition de Theodofe mefme qui eftoit beaucoup plus ample. En 798.
Charlemagne fit écrire la
Loy Salique, & y ajoûta
plufieurs articles : en 803;
Louis le Debonnaire y fit
auffi quelques additions,
dont l'une qui fut faite la
troifiéme année de fon regne, c'est à dire en 817. eft
tranfcrite à la fin de la
mefme Loy; l'autre eft mi-
fe entre les Capitulaires. *Liv. 4.*
n. 12.

F

Ainsi on suivit sous les Roys de la seconde Race, le mesme Droit que l'on avoit suivy sous ceux de la premiere : On y ajoûta seulement les Capitulaires qui estoient des Loix generales , & qui meritent d'estre examinées avec soin.

Pour cela il faut obser-ver que les Roys de la pre-miere Race tenoient tous les ans le premier jour de Mars une grande assem-blée où se traittoient tou-tes les affaires publiques, & où le Prince & ses su-jets se faisoient recipro-quement des presens : on l'appelloit le Champ de

Mars, parce qu'en effet
l'assemblée se tenoit en
pleine campagne, faute de
bastimens assez spacieux;
ou plustost parce que les
Germains en avoient toû-
jours usé ainsi dans leur païs
où ils n'avoient autres lo-
gements que des cavernes
ou des cabanes dispersées.
C'estoit apparemment cet-
te necessité du lieu de tenir
ces assemblées qui en avoit
determiné le temps au
commencement de la bel-
le saison à la sortie de l'Hy-
ver qui avoit tenu chacun
renfermé chez soy, & avant
l'Esté qu'il falloit avoir
tout entier pour executer
les resolutions de l'assemblée.   F ij

La Guerre eſtoit le principal ſujet de leurs deliberations. Ce Champ de Mars ſous les Roys faineans devint une ſimple ceremonie, & Pepin en changea le jour au premier de May. Depuis le jour fut incertain, quoy que l'aſſemblée ſe tinſt regulierement chaque année. Elle eſtoit compoſée de toutes les perſonnes conſiderables de l'un & de l'autre Eſtat Eccleſiaſtique & Laïque, des Eveſques, des Abbez & des Comtes : Je croy meſme que tous ceux qui eſtoient Francs avoient droit de s'y trouver. Le Roy propoſoit les matieres,

& decidoit apres la deliberation de l'assemblée qui
estoit tres-libre. Le resultat de chaque assemblée
estoit redigé par écrit ; &
l'on obligeoit chaque Eves- Cap.
que & chaque Comte d'en liv. 2.
prendre copie par les mains ch. 24.
du Chancelier, pour les envoyer en suite aux Of-
ficiers dépendans d'eux,
afin qu'elles pûssent venir
à la connoissance de tous.
Comme les propositions &
les decisions estoient redigées succintement & par
articles, on les appelloit
Chapitres, & le recüeil de
plusieurs articles s'appelloit
Capitulaire.

Il semble que les Capi-

tulaires doivent estre distin-
guez selon leur matiere ;
Car ceux qui traittent des
matieres Ecclesiastiques, qui
sont en tres-grand nombre,
sont de veritables Canons,
puisque ce sont des regles
establies par des Evesques
legitimement assemblez :
Aussi la pluspart de ces assemblées sont mises au
rang des Conciles. Les
Capitulaires qui traittent
de matieres seculieres, mais
generales, sont de veritables Loix, & ceux qui ne
regardent que de certaines
personnes, ou de certaines
occasions, ne doivent estre
considerez que comme des
reglemens particuliers.

Il nous reste grand nombre de Capitulaires de Charlemagne & de Loüis le Debonnaire, & quelques-uns de Charles le Chauve & des Roys suivans. Ceux de Charlemagne & de Loüis le Debonnaire ne sont plus dans l'ordre suivant lequel ils avoient esté premierement redigez, mais dans l'ordre qu'il a plû aux compilateurs de leur donner. Ils les ont divisez en sept livres. Dont les quatre premiers furent compilez en 827. par l'Abbé Ansgise qui fust depuis Archevesque de Sens ; & qui fit cette collection pour conſerver les Capitulaires plus aiſément que s'ils fuſſent demeurez en divers cahiers ſeparez. Il mit dans le premier livre ceux de Charlemagne, qui traittoient des matieres Eccleſiaſtiques. Dans le ſecond ceux du meſme Charlemagne qui traittoient des matieres ſeculieres. Dans les deux autres ceux de Loüis le Debonnaire & de ſon fils Lothaire, ſçavoir dans le troiſiéme ceux des matieres Eccleſiaſtiques, & dans le quatriéme ceux des matieres Seculieres. Les trois autres livres ont eſté compilés par Benoiſt, Diacre de l'Egliſe de Mayence,

ce, & contiennent d'au-
tres Capitulaires des mefmes Princes que l'Abbé
Anfgife avoit obmis, où
à deſſein, ou faute de les
avoir connus, & que Be-
noift avoit retrouvez en
divers lieux, particulierement dans les Archives de
l'Eglife de Mayence. On
accufe ce Diacre de n'a-
voir pas efté fort fidelle
dans ſa collection : & il
eft affez remarquable qu'il
y ait inferé des Epiſtres
de Papes & des Conciles
tenus de leur autorité,
comme pour appuyer les
Capitulaires, & les ren-
dre plus venerables. En-
fuite de ces fept Livres,

G

il y a quelques Capitulaires de l'Empereur Loüis,
retrouvez apres la collection de Benoiſt, & diſtri-
buez en quatre Additions,
dont la premiere ne con-
cerne que la diſcipline particuliere des Moines.

Ce qui nous reſte des Ca-
pitulaires de Charles le
Chauve eſt plus entier. Ce
ſont les Actes meſmes des
aſſemblées tels qu'ils furent écrits alors. De ſorte qu'outre les reſolutions,
on y voit auſſi le procez
verbal de ce qui s'y paſſa
de plus memorable , &
on en apprend le temps,
le lieu & le ſujet ; ce qui
peut beaucoup ſervir pour

l'Histoire, Ensuite des Capitulaires de Charles le Chauve, on en trouve aussi quelques-uns de Louis le Begue & de Carloman, & quelques Actes de Charles le Simple.

L'authorité des Capitulaires, a esté sans doute tres-grande. Ils sont intitulez Loix Françoises simplement dans l'edition de Herold, & il ne faut pas douter qu'ils n'ayent esté observez par tout l'Empire François, c'est à dire quasi par toute l'Europe, pendant le regne de Charlemagne, & pendant celuy de Louis le Debonnaire & de ses enfans.

puifque outre le foin que
l'on prenoit d'en inftruire
tous les Peuples, comme il
a efté dit, une des principales charges de cette efpece d'Intendans que l'on
appelloit *Miff Dominici*,
comme qui diroit les En-
voyez du Prince, eftoit de
les faire executer dans les
Provinces de leurs départe-
mens. Mefme long-temps
apres les Capitulaires eftoient encore confiderez
comme des Loix, ainfi
qu'il paroift par les Épiftres
d'Ives de Chartres, par les
Decretales d'Innocent III.
& par le Decret de Gra-
tien, où il y en a grand nombre d'inferez. Tel eftoit le

Droit de la France sous la seconde Race de nos Roys: on y observoit les Capitulaires, la Loy Salique, & les autres Loix de chaque Nation, mais sur tout la Loy Romaine.

On void le soin que les Roys eurent de la conserver par un article des Capitulaires de Charles le Chauve, où apres avoir estably une peine contre ceux qui usent de fausses mesures, il ordonne que dans les païs sujets à la Loy Romaine, ceux qui commettront ce crime, souffriront la peine portée par cette Loy, ajoûtant que ny luy ny ses predecesseurs

Cap. 31. Edict. Pistens. art. 20.

n'ont jamais pretendu rien ordonner qui y fust contraire, Ce qu'il repete souvent dans le mesme Edit. De plus la Loy Romaine n'estoit pas moins necessaire en ces temps-mesmes pour ceux qui n'estoient point Romains, qu'elle l'estoit sous les Roys de la premiere Race. Car les Capitulaires qui estoient les seules Loix nouvelles, contiennent fort peu de chose qui puisse fournir des maximes & des principes de Jurisprudence. La pluspart ne regardent que la discipline Ecclesiastique, jusques-là que l'on y a transcrit beaucoup de Canons des anciens Conciles. Quant aux autres qui traittent des choses temporelles, une bonne partie ne regarde que les affaires particulieres, pour lesquelles ils ont esté faits, il y en a mesme qui visiblement ne sont que des instructions & des memoires pour les Envoyez du Prince, si l'on peut user de ce nom. Enfin, le peu qui reste d'articles plus generaux qui pourroient passer pour Loix, sont des Loix fort imparfaites. Ce sont seulement des preceptes de Morale, & des exhortations à bien faire, sans qu'il y ait de peine proposée : Et comme on fait que toutes ces Ordonnances estoient écrites par des Ecclesiastiques, on pourroit croire qu'ils ne distinguoient pas assez le stile des Loix qui commandent, & que l'on fait executer par la force, d'avec le stile des Predications & des avis charitables. Du moins on peut dire qu'ils ne choisissoient pas assez ce qu'ils inseroient à ces Loix, puisque au commencement du sixiéme livre, qui est le deuxiéme de la collection du Diacre Benoist, on void cinquante trois articles tirez des Loix Mosaïques, dont plusieurs estoient propres aux temps

& aux lieux pour lesquels
Dieu les avoit données aux
Hebreux , & par consé-
quent ne pouvoient con-
venir à l'Europe ny au siecle de Charlemagne. Il falloit donc tousiours avoir
recours aux Loix Romai-
nes pour les Questions de
Droit , particulierement
dans les matieres des Contracts, & pour ce qui re-
gardoit les serfs, qui étoient
le sujet le plus frequent des
differens de ces temps-là.
Pour confirmer ce que je
dis du Droit qui s'observoit
en France sous les Rois de la
seconde Race, j'employe-
rai le témoignage d'Adre-
valde Moine de Fleury sur

Loire, qui vivoit du temps de Charles le Chauve. Il dit qu'il y eut un different entre l'Avoüé de saint Benoist, & celuy de S. Denis, touchant quelques Serfs: que pour le terminer on tint des plaids où estoient plusieurs Juges & Docteurs de Loix, & de la part du Roy un Evesque & un Comte *Missi à latere Regis.* Mais que l'on ne pût rien conclurre en la premiere assemblée, parce que les Juges de la Loy Salique n'entendoient rien à regler les biens Ecclesiastiques qui se gouvernoient par la Loy Romaine. Il ajoûte que cela obligea

les Envoyez du Roy, d'as-
signer une autre assemblée
à Orleans ; & que l'on y
fit venir outre les Juges,
des Docteurs de Loix,
tant de la Province d'Or-
leans que de celle du
Gastinois. Et apres tout
cela il s'en fallut peu que
le differend ne se termi-
nast par un duel entre les
témoins. Cette Histoire
fait voir entre autres choses que la Loi Romaine &
la Loi Salique estoient en
vigueur, & que chacune
avoit ses Juges differens:
que l'Eglise suivoit la Loi
Romaine: qu'il y avoit des
personnes qui faisoient profession de l'enseigner, car

c'eſt ainſi que je prends les Docteurs des Loix, & qu'il y en avoit dès lors à Orleans : que c'eſtoient les Envoyez du Prince qui preſidoient à ces jugements : & que l'on ordonnoit quelquefois le combat entre les teſmoins. Ce ſont des antiquitez qui m'ont paru conſiderables. Au reſte tout ce que j'ay expliqué juſques icy, eſt ce que j'appelle l'ancien Droit François.

Pour entendre comment s'eſt formé le Droit nouveau, il faut voir comment l'ancien ſe reduiſit en Coûtumes, & comment l'eſtude du Droit Romain ſe rétablit. L'origine des Coû-

DU DROIT FRANÇOIS. 85
tumes est toûjours obscure,
puisqu'elles ne sont differentes des Loix, que par-
ce qu'elles s'observent sans
estre écrites : En sorte que
s'il arrive que l'on les écri-
ve, ce n'est qu'apres qu'elles sont establies par un long
usage. Mais il y a une raison particuliere qui rend
l'origine de nos Coustumes
tres-cachée : c'est qu'elles
se sont formées pendant le
dixiéme & l'onziéme siecle,
qui est le temps le plus inconnu de nostre Histoire.
Nous n'avons de ce temps
que tres - peu d'Auteurs
& encore peu éclairés qui
ont écrit si confusement,
& avec si peu de choix,

que je ne croy pas possi-
ble de sçavoir precisément
quel droit s'observoit lors
en France. Voicy neant-
moins ce que j'en puis de-
viner.

Sur la fin de la seconde
Race de nos Roys & vers
le commencement de la
troisiéme , l'Italie & les
Gaules estoient tombées
en une Anarchie & une confusion universelle. Ce desordre commença par la
division des enfans de Loüis
ie Debonnaire, & s'accrut
considerablement par les
ravages des Hongrois &
des Normands, qui ache-
verent d'y esteindre le peu
qui restoit de l'esprit & des

manieres Romaines. Mais
le mal vint au dernier ex-
cez par les guerres particulieres , qui devinrent
lors tres-frequentes , non
seulement entre les Ducs
& les Comtes , mais gene-
ralement entre tous ceux
qui avoient une maison
forte pour retraitte. Car
tout le monde portoit les
armes sans excepter mesme
les Evesques & les Abbez
qui estoient obligez de s'ar-
mer avec leurs Clercs &
leurs Moines , n'ayant
plus d'autre moyen de se
garantir du pillage, apres
avoir employé en vain les
prieres & les Censures Ecclesiastiques. Ces peti-

tes guerres estoient fort
conformes aux anciennes
mœurs des Barbares, & ils
en avoient mesme des cau-
ses dans leurs Loix. Car outre le Duel, qui estoit
comme j'ay dit, un de leurs
jugemens ordinaires, ils
avoient le Droit appellé
Faide, par lequel il estoit
permis aux parens de ce-
luy qui avoit esté assassiné
de tuër le meurtrier quelque part qu'ils le rencon-
trassent, excepté en cer-
tains lieux, comme à l'E-
glise, au Palais du Prince,
en l'assemblée publique ou
à l'armée, & lors qu'il estoit en chemin pour y aller:
Car en ces rencontres ce-

luy

luy qui estoit sujet à cette vengeance estoit en paix. Ainsi une seule mort, mesme d'accident, en produisoit d'ordinaire plusieurs autres.

Et comme il estoit difficile de réduire à la raison des esprits une fois effarouchez, tout ce que purent faire d'abord les Ecclesiastiques les plus zelez, & les Princes les plus religieux fut d'obtenir une cessation d'armes limitée à certains jours, qui estoient le Jeudy, le Vendredy, le Samedy & le Dimanche de chaque Semaine, c'est à dire depuis le soir du Mercredy jusques au Lundy matin. Pendant ces jours tous actes d'hostilité estoient défendus à l'égard de tout le monde: mais il y avoit de plus certaines persones, qu'il n'estoit jamais permis de maltraitter en quelque temps que ce fust, sçavoir les Clercs, les Pélerins & les Laboureurs: & la peine de ceux qui violoient ces défences, estoit l'excommunication. C'est ce que l'on appella la trêve de Dieu, qui fust depuis confirmée & estendue.

Il y a donc apparence que pendant ces desordres l'ignorance & l'injustice abolirent insensiblement les anciennes Loix, que

Toto tit. extra de Trev. Eplac.

l'on cessa de les pratiquer
& de les estudier, & qu'à
force d'estre mesprisées elles demeurerent inconnües.
Ainsi les François retom-
berent dans un estat ap-
prochant de celuy des Barbares qui n'ont point en-
core de Loix ny de Poli-
ce. Encore estoient ils plus
miserables, en ce qu'il
leur restoit quelque con-
noissance des Arts, qu'ils
employoient principale-
ment à forger des armes,
& à bastir des forteresses,
de sorte qu'ils avoient plusieurs moyens de se nuire
que les sauvages n'ont pas.
De plus quoi que les belles
connoissances fussent étein-

tes, la science du mal subsistoit, il n'y avoit espece de
crime qui ne fust connüe &
pratiquée, & ils avoient re-
tenu toute la ferocité de
leurs peres, sans en garder
la simplicité & l'innocence.

De là viennent nos vieil-
les Fables de ces Felons qui
insultoient aux foibles, qui
fermoient les passages &
empéchoient le Commerce:
& de ces Preux qui erroient
par le monde pour la seu-
reté publique, & pour la de-
fense des Dames. (Les au-
teurs de ces contes n'étoient
pas fort inventifs, ils co-
pioient les mœurs de leurs
temps, & tout ce qu'ils y
ajoustoient d'ornement é-

toient les Geans, les En-
chanteurs & les Fées.

Toutefois malgré cette
confusion il restoit quelque
forme de Justice, & les differens ne se terminoient
pas toûjours par la force,
Il y avoit differens Juges
pour les Roturiers & pour
les Nobles. Je me sers de
ces noms, quoy qu'ils
n'ayent esté mis en usage
que depuis, parce que la
distinction qu'ils marquent
subsistoit deslors, & je
nomme Roturiers les Paï–
sans, les Artisans & les autres personnes franches ou
serves qui composoient le
menu peuple. Ils estoient
jugez par les Nobles, c'est
H iij

à dire par les Chevaliers & les autres personnes puissantes, qui commencerent lors à s'ériger en Seigneurs, & à s'attribuer en proprieté la puissance publique, dont auparavant ils n'avoient tout au plus que l'exercice. Car tant que l'autorité Royale fut en vigueur, principalement sous la famille de Charlemagne il n'y avoit point d'autre Seigneur que le Roy, & la Justice ne se rendoit publiquement qu'en son nom & par ceux à qui il en donnoit le pouvoir. Mais dans les temps de desordre chacun se mit en possession de juger aussi bien que de

faire la guerre, & de lever
des deniers sur le peuple.
Il y a apparence que cette
entreprise eut pour fondement la puissance domesti-
que que les Chevaliers &
les autres avoient sur leurs
serfs; car il y avoit encore
lors par toute la France
des serfs qui estoient comp-
tez entre les biens comme
faisant partie des heritages, & il fut fort facile de
changer à leur égard la
Seigneurie privée en Sei-
gneurie publique. Je croy
aussi que l'on confondit
avec les serfs quantité de
personnes franches, soit de
leur consentement, par le
besoin qu'ils avoient d'ef-

tre protegez dans ces temps
d'hostilité universelle, soit
par pure force; Car je voy
qu'il est souvent parlé dans
les Capitulaires, de l'op-
pression des personnes libres qui estoient pauvres.
J'estime que les premiers
qui donnerent l'exemple
de cette usurpation, furent
les Comtes qui estoient les
Gouverneurs des bonnes
Villes, & qui avoient déja
par le droit de leurs charges l'exercice de la Jurisdiction.

Ces Seigneurs de quel-
que maniere qu'eust com-
mencé leur pouvoir ren-
doient la justice, ou en personne ou par des Officiers
qu'ils

qu'ils prirent entre leurs domestiques, le Seneschal estoit le Maistre d'Hostel, les Baillifs & les Prevosts estoient des Intendans ou des Receveurs, & les Sergeans estoient de simples valets. Mesme en remontant plus haut, on trouve que le Senéchal & les autres estoient dans leur origine, non seulement des domestiques, mais des serfs: puisque la Loy Salique nomme entre les serfs estimables à prix d'argent le Maire, l'Eschanson & le Mareschal; & que la Loy des Allemans nomme le Senécha le Mareschal. Mais enfin c'a esté que

L' Sal. tit. 11. art. 9.

L. Alaman. tit. 8. art. 3.

I

du temps de la troisiéme
Race que ces noms ont été
attribuez à des Officiers
publics. Cette justice estoit
Souveraine, & se rendoit
sommairement. Les peines
des crimes estoient cruelles:
Car il estoit ordinaire de
couper un pied, ou une
main, ou quelque autre
partie du corps, d'où vient
que les Actes de ce temps
font si souvent mention de
mutilation de membres. Il
semble mesme que ces pei-
nes estoient arbitraires.

Ces Seigneurs qui ju-
geoient ainsi les Roturiers,
estoient jugez par d'autres
Seigneurs qu'ils reconnois-
soient pour Superieurs.

Vn simple Chevalier, par exemple, ou un Chastelain estoit soûmis à la Jurisdiction du Comte dont il estoit Vassal : & le Comte pour le juger estoit obligé d'assembler les Pairs de sa Cour, c'est à dire les autres Chevaliers ses Vassaux, égaux entr'eux & de mesme rang que celui qu'il falloit juger. Le Comte estoit luy-mesme un des Pairs de la Cour de son Seigneur, qui estoit ou un Comte plus puissant, ou un Duc, ou un Marquis, & cette subordination montoit jusques au Prince Souverain. Ainsi le Roy avoit aussi sa Cour composée des

Pairs de France ſes premiers
Vaſſaux. Mais cét ordre ne
s'obſervoit pas touſiours.
Souvent les Nobles qui ſe
ſentoient un peu forts, n'o-
beïſſoient point à leurs Seigneurs, & alors on ne pouvoit ſe faire juſtice que par
les Armes. Iuſques-là que
le Roy luy-meſme eſtoit
obligé de faire la Guerre,
non ſeulement à des Pairs
de France, mais à des Seigneurs beaucoup moins
qualifiez. L'Abbé Suger
nous aprend que le Roy
Loüis le Gros fit marcher
ſes Troupes contre Bou-
chard de Montmorency,
pour deffendre l'Abbé de
Saint Denis, qu'il aſſiegea

V. la
vie de
Loüis
le Gros
par
l'Abbé
Suger.

Gournay & le prit par force, qu'il défit le Seigneur
de Puiſet en Beauſſe, & qu'il
ſe delivra enfin du Seigneur
de Montlehery qui avoit in-
commodé le Roy Philippe
I. ſon pere pendant tout
ſon Regne, juſques à luy
empeſcher la communica-
tion de Paris & d'Orleans.
Souvent auſſi les differens
des Seigneurs ſe termi-
nóient en des Aſſemblées
d'arbitres choiſis de part &
d'autre, principalement
quand ils avoient affaire
avec une Egliſe : & dans les
Auteurs du temps, comme
Fulbert & Ives de Char-
tres, il eſt ſouvent fait mention de ces Conférences.

I iij

V. Mi-
rac. S.
Ben.
lib. 4.
c. 11.
V. Ep.
Fulb.
& Iv.
Car-
not.

De forte qu'au commencement & avant que la fubordination des Seigneurs fuft bien eftablie, ils fe confideroient tous ce femble comme des Souverains, dont les querelles ne peuvent finir, que par une victoire ou par un Traitté de paix. Cette maniere irreguliere de rendre la juftice, & l'eftabliffement de ces nouvelles Jurifdictions, contribuerent beaucoup aux Couftumes dont nous cherchons l'origine; mais plufieurs autres Droits qui fe formerent en mefme temps y contribuerent auffi beaucoup.

Ce fut vers ces mefmes

temps que les Fiefs, qui
n'eſtoient auparavant que
des Benefices à vie, prirent
une forme nouvelle, deve-
nant perpetuels & heredi-
taires. On rapporte auſſi
à ces Siecles de deſordre,
l'origine de la pluſpart des
droits Seigneuriaux, que
l'on croit s'eſtre formez
par des Traittez particu-
liers, ou des uſurpations
particulieres.

En effet il n'eſt point vrai-
ſemblable que les peuples
ayent accordé volontaire-
rement à des Seigneurs particuliers tant de droits con-
traires à la liberté publique
dont la pluſpart des Coû-
tumes font mention, & dont

plusieurs subsistent encore. Comme, aux passages des rivieres, ces droits de Peage, Travers, Roüage, Barrage & tant d'autres. Comme le s'droits de Giste, de Past, de logemens & de fournitures, de Courvées, de Guet & de Garde. Les Bannalités même des fours, des moulins & des pressoirs: le Ban à vin pour empescher les sujets de vendre leurs vins qu'apres que le Seigneur a vendu le sien, & les autres defenses semblables, tous ces droits sentent bien ou la servitude de ceux à qui ils ont esté imposez, ou la violence de ceux qui les ont établis. Ie ne dis pas

pour cela qu'ils ne ſoient
devenus legitimes par le
long-temps & par l'appro-
bation des Souverains qui
ont autoriſé les Couſtumes :
& meſme je croi volontiers
que pluſieurs ont eſté inſti-
tuez juſtement , comme
pour indemniſer vn Sei-
gneur de la dépence qu'il
avoit faite à baſtir vn pont
ou vne chauſſée ; ou pour
laiſſer des marques de la
ſervitude dont il avoit deli-
vré ſes Sujets. Pluſieurs auſſi peuvent eſtre les condi-
tions auſquelles on a aliené
les heritages ; & c'eſt ce que
l'on croit avec beaucoup
d'apparance des Cens, ſoit
en eſpece, ſoit en argent,

des Champarts , des Bour-
delages & des autres droits
pareils. Quoi qu'il en ſoit,
ce que je veux marquer ici
eſt que ces droits n'ont eu
pour la pluſpart que des
cauſes particulieres, comme
l'on void par la grande di-
verſité de leurs noms , ſelon
les differens Païs , & par certains droits bigearres , qui
n'ont pas meſme de nom
particulier, & ne peuvent
eſtre venus que du caprice
d'vn Maiſtre. A meſure que
la France s'eſt reünie , le
temps a beaucoup emporté
de ces droits irreguliers ,
pluſieurs ſe ſont abolis entierement , d'autres ſe ſont
confondus avec ceux dont

ils aprochoient le plus, & enfin ceux qui se sont trouvez les plus universellement receus ont passé en Droit commun.

Les Droits des Communes & des Bourgeoisies aporterent encore un grand changement. Car ce fust vers ce mesme temps que les habitans des Citez & des Villes, establirent entre eux des Societez sous la protection de quelque Seigneur, pour se garantir de la tyrannie des autres, & pour estre jugez par leurs Pairs. Les premiers qui en userent ainsi furent apparemment les anciens Citoyens des Villes

Epifcopales, & les autres perfonnes libres. Mais dans la fuitte du temps les habitans ferfs de plufieurs Bourgs & de plufieurs Villages donnerent de groffes fommes à leurs Seigneurs pour acheter leur liberté, & pour avoir auffi le droit de fe défendre les uns les autres avec differens privileges.

J'ay déja marqué en quelques endroits qu'il y avoit en France beaucoup de Serfs. Si je voulois expliquer au long quelle eftoit leur condition, ce feroit la matiere d'vn autre Traité. Il fuffira d'obferver ici, que du temps des Romains il y

avoit en Gaule, comme par
tout ailleurs vn tres - grand
nombre d'Esclaves ; & que
la douceur du Christianisme
& les mœurs des Francs &
des autres nations Germa-
niques rendirent dans la suite du temps leur condition
beaucoup meilleure. En sorte que dans les siecles où se
formérent nos Coustumes,
leur servitude ne consistoit
plus qu'à estre attachés à
certaines terres , & n'avoir
pas la disposition libre, de
leurs biens pour faire des
testamens , ny de leurs personnes , pour se marier ou
s'engager par des vœux.
Ainsi le pouvoir des Sei-
gneurs se reduisoit princi-

palement à trois sortes de Droits, Pourfuite, Forma-riage & Mainmorte, cele-bres dans les Couftumes. Delà vient que l'on nom-moit fouvent les Serfs gens de Pourfuite ou de Main-morte ou Mortaillables, parce que les Seigneurs le-voient des Tailles fur eux. On les apelloit aufi hommes & femmes de Corps, ou gens de Pote, ou Villains, à caufe des villes, c'eft à dire des villages qu'ils habitoiět. Mais les affranchiffemens fe font rendus fi frequens depuis le Regne de faint Louïs, qu'il ne refte que peu de veftiges des ces fer-vitudes.

De po-teftate villæ.

Une troisiéme cause du
changement de nôtre Droit,
fut l'accroissement de la Jurisdiction Ecclesiastique qui
estoit déja établie depuis
long - temps. Car dés le
temps de l'Empire Ro-
main, les Evesques ju-
geoient quantité d'affaires
mesme entre les Seculiers,
qui se confiant entierement
en leur probité & en leur
prudence les choisissoient
pour arbitres. Et l'on re-
connut si bien l'utilité de
ces arbitrages, qu'ils furent autorisez publique-
ment par une Loy du Co-
de Theodosien, qui porte,
Que si l'une des parties
qui plaident declare se vou-

loir soûmettre au jugement
de l'Evesque, l'autre partie
est obligée de s'y soûmettre
aussi en quelque estat que
soit la cause. Il ne faut pas
douter que cette Loy ne
fust tres-bien observée dans
les Gaules, où il y eut pendant le Siecle de Theodose
tant d'Evesques illustres en
sainteté & en doctrine. Et
quoy que l'authorité des
Prélats souffrist quelques
traverses dans le change-
ment de Maistres, & sous
les Roys de la premiere
Race, ils eurent toûjours
grand pouvoir & furent
fort respectez, non seu-
lement par les Romains,
mais encor par les Barbares
nouveaux

nouveaux convertis, dont
ils se rendoient les Maiſtres
par leur merite & la dignité
de leur caractere , juſques à
les faire trembler en les me-
naçant ſeulement de la co-
lere de Saint Martin. Mais
ſous les Roys de la ſecon-
de Race , nous trouvons
la Loy du Code Theodo-
ſien , autoriſée ſolemnelle-
ment au ſixiéme Livre
des Capitulaires , où l'Empereur ayant fait l'énume-
ration de tous les Peuples
qui luy eſtoient ſoûmis ,
afin de déroger expreſſe-
ment à toutes leurs Loix
particulieres : marque pre-
ciſément le lieu d'où cette Loy eſt tirée , ordonne

K

qu'elle foit tenuë pour Loy comme les Capitulaires, mefme par tous fes fujets, tant Clercs que Laïques, & en rapporte enfin les paroles tout au long. Il ne faut donc pas douter que cette Loy ne fuft obfervée exactement, tant que l'authorité Royale fubfifta en fon entier, & les Actes de ces temps font voir que les Evefques & les Abbez eftoient d'ordinaire donnez pour Juges, envoyez dans les Provinces pour faire obferver les Loix, & admis aux Confeils d'Eftat, eftant employez à toutes ces affaires, avec les Comtes,

Au reste , bien loin que l'affoiblissement de la Monarchie & le desordre qui vint en suitte diminuast l'autorité des Ecclesiastiques , il y a aparance qu'il l'augmenta. Car avant que le temps eust affermy les nouvelles Seigneuries pendant l'agitation qui produisit ce changement , je croy que les peuples obeïssoient plus volontiers aux Puissances Ecclesiastiques qui n'avoient point changé, qu'aux Puissances Seculieres qui estoient ou tout à fait incertaines, ou si nouvelles que l'on en voyoit clairement l'usurpation.

D'ailleurs l'ignorance des Laïques estoit si profonde qu'ils avoient besoin de Clercs dans toutes leurs affaires, non seulement pour les discuter & les resoudre, mais mesme pour lire leurs Titres, ou pour écrire leurs conventions. Enfin n'y ayant plus de Justice reglée entre les Seigneurs, l'entremise des Evesques & des Abbez estoit bien plus necessaire qu'auparavant : aussi c'estoient eux ordinairement qui faisoient la Paix, & qui provoquoïent & composoient ces Assemblées qui estoient si frequentes. Il est vray que sur ce fondement

de l'entretien de la Paix, &
du peu de justice que rendoient les Seculiers, les
Ecclesiastiques estendirent
si loin leur Jurisdiction, qu'à
la fin les Laïques s'en plai-
gnirent & s'y opposerent :
D'où vinrent enfin ces
cruelles divisions qui ont
si long-temps affligé l'Allemagne & l'Italie. Mais
sans m'estendre sur l'Hi-
stoire de la Jurisdiction Ecclesiastique : il suffit d'a-
voir remarqué le chan-
gement qu'elle apporta à
la Jurisprudence, en don-
nant une plus grande esten-
duë au Droit Canonique,
& le faisant entrer dans la
composition du Droit

François, comme une de
ses plus considerables par.
ties.

Voila ce que je puis devi.
ner de l'origine des Coûtu.
mes, & pour renfermer en
un mot mes conjectures,
j'estime que l'ancien Droit
cessa d'estre estudié, &
continua toutefois d'estre
pratiqué sans distinction
des differentes Loix, com.
me il n'y avoit plus de di.
stinction entre les Peuples:
mais qu'il receut un grand
changement, tant par les
nouveaux Droits qui s'esta.
blirent, principalement en
ce qui regardoit la puissance publique, que par l'es-
tenduë de la Jurisdiction

Ecclesiastique. Et je ne
doute pas que ce change-
ment ne s'accruſt fort par
le temps, à cauſe du peu
de Commerce de chaque
Province, & meſme de
chaque petit Païs avec les
Païs voiſins. Car la divi-
ſion eſtoit telle, que du
temps du Roy Robert vn
Abbé de Cluny invité par
Bouchard, Comte de Pa-
ris, de venir mettre des Moines à Saint Maur des Foſ-
ſés, regardoit ce voyage
comme fort long & fort pe-
nible, & ſe plaignoit qu'on
l'obligeaſt d'aller en ce Païs
eſtranger & inconnu. Ie
parlerai en ſuitte de la di-
verſité des Coûtumes, il

Vita Comit. Bur-chardi. Du Cheſne tome 4.

suffit icy d'avoir marqué d'où elles peuvent estre venües.

La France estoit en cét estat, quand on recommença d'estudier le Droit Romain. Ce n'estoit pas le Code Theodosien, quoy qu'avant les desordres ce Code eust esté, comme j'ay dit, ce que l'on apelloit la Loy Romaine dans les Gaules & dans les Espagnes. Il n'estoit plus connu lors qu'à quelques savans, & il demeura depuis entierement dans l'oubly, jusques au commencement du dernier Siecle qu'il a esté remis au jour. Schicard est celuy qui l'a fait imprimer le

premier en 1528. fur trois
Manufcrits trouvez en Al-
lemagne : & cette Edition
eſt celle de Charlemagne,
c'eſt à dire comme j'ay
montré celle d'Alaric. Depuis on a retrouvé encore
une partie de ce Code tel
que Theodofe l'avoit fait
faire.

Le Droit que l'on com-
mença d'eſtudier au temps
dont je parle, eſtoit celuy
que l'on eſtudie encore aujourd'huy, je veux dire le
Droit de Juſtinien, qui
parut lors nouveau, parce
qu'il avoit eſté juſques là
peu connu en Occident.
Car du temps que l'Empe-
reur Juſtinien fit publier ſon

Code & son Digeste, c'est
à dire vers l'an 530. il n'y
avoit en Europe que deux
Provinces qui luy obeïs-
sent paisiblement, la Grece & la plus grande partie
de ce qui dépendoit du Pre-
fect du Prétoire d'Illyrie.
Les Espagnes & les Gaules
estoient retranchées de
l'Empire Romain depuis
un siecle, la Germanie n'en
avoit jamais esté ; & pour
l'Italie, les Goths s'y def-
fendoient encore contre
Belisaire, & les Lombards
y entrerent peu de temps
apres que les Goths en furent chassez. Le Droit de
Iustinien ne fust donc observé quiqu'en Grece, en

Illyrie, & dans la partie de l'Italie qui obeïſſoit aux Romains. C'eſtoit ce qu'on appelle encore aujourd'huy la Romagne, avec le reſte des terres de l'Egliſe, le Royaume de Naples & la Sicile.

Il eſt hors de noſtre ſujet de chercher ce que devint ce Droit en Grece & en Orient, il ſuffit de dire que pendant trois Siecles on n'y connuſt point d'autre Droit, & que 350. ans apres, Leon le Philoſophe fit faire une nouvelle compilation de tous les Livres de Iuſtinien, qu'il meſla enſemble diſpoſant les matieres dans

un autre ordre, & diſtri-
buant en ſoixante Livres
tout cet Ouvrage que l'on
nomme les Baſiliques. Il
fut compoſé en Grec, par-
ce que les ſujets de l'Empereur de Conſtantinople
n'entendoient plus le La-
tin, quoy qu'ils ſe diſſent
Romains comme font leurs
deſcendants encore aujour-
d'huy. C'eſt donc en ſub-
ſtance le Droit de Iuſtinien
qui s'y eſt conſervé juſques
à la ruine de cet Empire,
avec quelque changement
que le temps y avoit fait.

Mais ſa fortune fut bien
differente en Occident.
Premierement il ſe conſer-
va en Italie, & les Loix

Romaines que l'on y suivit depuis ce temps , furent celles de Justinien , & non pas le Code Theodosien comme en Gaule & en Espagne. Il y en a des preuves dans les Epistres de S. Gregoire qui vivoit sous Maurice & sous Phocas. Et dans le II. Concile de Troyes tenu par Jean VIII. l'an 876. au lieu où il est parlé de la punition des sacrileges, on void que les Papes avoient encore connoissance de ce Droit. Mais il fust fort alteré pendant les quatre siecles qui suivirent, par le mélange des differentes Nations qui possederent l'Italie. Les

Lombards chasserent les
Exarques de Ravenne, &
furent eux mesmes assuje-
tis par les Francs : Aprés
la chute de la Maison de
Charlemagne, l'Italie fut
ravagée par les Hongrois,
& en mesme temps par les
Sarrazins qui occuperent
la Sicile & le Royaume de
Naples, jusques à ce qu'ils
en fussent chassez par les
Normands : Enfin les Roys
Saxons ayant esté reconnus
Empereurs commanderent
à la Lombardie & à la Tos-
cane. Aprés tant de chan-
gemens il resta sans doute
peu de personnes qui sui-
vissent la Loy Romaine,
d'autant plus que pour le

faire il euſt fallu s'avoüer
Romain. Or ce nom de-
vint à la fin fort odieux,
comme nous aprenons de
Luitprand Eveſque de Pa-
vie, qui vivoit au dixiéme
ſiecle, & qui témoigne que
de ſon temps le nom de Romain donnoit l'idée d'un
homme méchant & cor-
rompu, ſans foy, ſans cou-
rage & ſans honneur : à
quoy pouvoit contribuer
l'averſion que les Italiens
avoient conceüe depuis
quelques ſiecles pour les
Grecs de Conſtantinople
qui conſervoient toûjours
le nom de Romains.

Le Droit de Juſtinien n'a
jamais eſté toutefois entie-

rement perdu en Italie, & il y eſtoit encore connu dans l'onziéme ſiecle, du moins aux païs que les Grecs avoient tenus le plus long-temps, je veux dire la Romagne & le Royaume de Naples. On le void par l'hereſie des Inceſtueux, qui vouloient ſuivre dans les mariages la maniere de compter les degrez de parenté, que les Loix ont eſtablie pour les ſucceſſions : & qui furent condamnez par le Pape Alexandre II. l'an 1065. Mais ſa conſtitution, qui eſt dans le Decret de Gratien, ne parle que des Loix de Iuſtinien en general, ſans nom-

mer ny Code ny Digeste,
& le seul passage qui y est
cité est tiré des Institutes.
Maintenant d'expliquer en
quelle maniere ce Droit
commença à estre connu
de tout le monde , & à
prendre cette grande au-
thorité qu'il a eüe depuis
dans les Escoles & dans les
Tribunaux , c'est ce qui
n'est pas facile : & l'obs-
curité de cette Histoire a
causé des disputes entre les
Sçavans. On convient que
ce changement arriva vers
le milieu du douziéme siecle, que ce fust à Bologne
que l'on commença à estu-
dier ce Droit , & que le
premier qui l'enseigna pu-

bliquement fut un Alleman nommé Irnier, ou Warnier. Mais les Autheurs ne s'accordent pas, lors qu'ils veulent determiner precisément en quelle année, en quelle occasion, de quelle autorité, & par quel Livre il commença. Pour l'année, je croy que l'on s'en peut tenir à la tradition de l'Ecole de Bologne, qui est que l'estude publique du Droit, y commença en 1118. Pour les autres circonstances, j'estime que l'on en peut croire le Cardinal d'Hostie & Odofred tous deux Disciples d'Azon, dont le Maistre qui estoit Bulgare

fut l'un des quatre principaux Disciples d'Irnier.
Voicy ce qu'il en racon-
tent. Irnier enseignoit à
Ravenne les Arts, c'est à
dire les Humanitez, quand
il s'émeut une dispute entre ceux qui faisoient la
mesme profession, pour
sçavoir ce que signifioit
proprement le mot d'As.
Ils en chercherent l'ex-
plication dans les Livres
de Droit Civil, & y ayant
pris goust, ils s'appliquerent à les estudier; de sorte
qu'Irnier qui estoit venu
à Bologne sur la dispute
de l'As, commença à en
faire des leçons. Il ex-
pliqua d'abord le Code,

puis la premiere partie du Digeste, puis la derniere qu'ils nommerent le Diges-te nouveau: il trouva en-suite la seconde qu'on a nommée l'Infortiat, & en-fin les Authentiques. Il pa-roist suivant ces témoigna-ges, qu'il commença à en-seigner de son autorité privée: ce qui n'empesche pas qu'il n'ait receu depuis une autorité publique de la Comtesse Matilde com-me dit l'Abbé d'Vrsperg, ou de l'Empereur Lothai-re II. comme l'on croit communement.

Peu de temps apres, c'est à dire l'an 1137. ou envi-ron: on trouva à Amalfi en Pouille l'exemplaire du Digeste, que nous apellons aujourd'huy les Pandectes Florentines. Car cette Ville ayant esté prise sur Roger Roy de Sicile par les troupes de l'Empereur Lothaire, & du Pape Innocent II. avec le secours des Pisains; Ils trouverent dans le pillage ce Manuscrit qu'ils porterent à Pise d'où il fut depuis porté à Florence par Gino Capo-ni, lors qu'il se rendit Maî-tré de Pise en 1407. On pretend que tous les Exemplaires du Digeste que nous avons, en ont esté tirez; & on le prouve par une transposition de titres qui est

Franc. Torellus Praefat. in Pand. Florent.

venuë de quelques Cahiers
tranſpoſez dans l'original.
Mais cela ne s'accorde pas
avec ce que je viens de ra-
porter de la Gloſe d'Odo-
fred, qui veut qu'Irnier
ayt trouvé le Digeſte par
parties. Quoy qu'il en ſoit,
la découverte de ce Livre
contribua beaucoup à fai-
re eſtudier le Droit de Juſtinien, & on le conſidera
toûjours depuis comme l'e-
xemplaire le plus authentique. On reconnoiſt à plu-
ſieurs marques que ces
Pandectes Florentines ont
eſté écrites de la main d'un
Grec : Auſſi la Province
où il fut trouvé, eſt celle
de toute l'Italie où les

Grecs se sont maintenus le plus long-temps. A quoy joignant quelques autres Observations, on verra pourquoy l'estude du Droit Romain a recommencé en certains Païs plûtost qu'en tout autre. La premiere Eschole de Droit fut Bologne, & Padouë est une des plus celebres. Aussi Bologne est dans les Terres de l'Eglise & fort proche de la Romagne, qui sont les lieux, où selon les apparences il estoit resté le plus de Romains : & Padoüe appartient à la Republique de Venise qui n'a jamais esté soûmise aux Barbares, & qui a toûjours

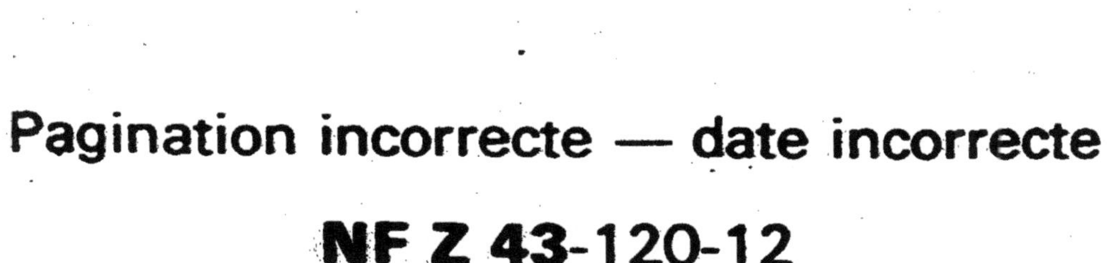

Pagination incorrecte — date incorrecte

NF Z 43-120-12

conſervé grande liaiſon a-
vec les Empereurs Grecs.
On peut meſme obſerver
que les Docteurs de Droit
les plus celebres, eſtoient
nez dans les terres de l'E-
gliſe, ou dans les lieux de
Toſcane les plus pro-
ches: & il ſemble que les
premiers avoient quelque
connoiſſance des Eſtudes
des Grecs de leurs temps:
du moins on dit qu'Irnier
avoit eſtudié à Conſtantinople. Ce fut peut-eſtre
par certe raiſon qu'ils firent
ſeulement des Gloſes, des
Renuois, & des Concor-
dances de Loix, comme
les Grecs faiſoient ſur le
Droit de Juſtinien & ſur

les

les Basiliques. Mais les
Grecs eurent toûjours cét
avantage qu'ils avoient receu le Droit Romain par
tradition de leurs Peres;
au lieu que l'usage en ayant
esté long-temps interrom-
pu en Occident, il y avoit
une infinité de choses que
les Latins ne pouvoient entendre. Cela fit que dans
la suite ils s'appliquerent
plus à raisonner sur les textes qu'à en interpreter la
Lettre, dont ils crurent
qu'il estoit impossible, ou
inutile d'avoir une intelli-
gence parfaite, & qu'ils
estudierent le Droit d'une
methode Scholastique, pleine de chicanes & de faus-

M

ses subtilitez, comme on traittoit lors toutes les autres Sciences.

L'estude du Droit de Justinien passa en France dés ces premiers temps, & on l'enseigna publiquement à Montpellier & à Tolose, avant que les Universitez y eussent esté érigées. On voulut aussi l'enseigner à Paris, dont l'Université commençoit à se former, mais le Pape Honoré III. le défendit par une Decretale qui merite d'estre examinée, parce qu'elle fait beaucoup à mon sujet.

Cap. Super Specula extra de privileg.

Elle porte qu'encore que l'Eglise ne refuse pas le service des Loix Seculie-

res qui suivent les traces
de l'equité & de la Justice : Toutesfois, parce qu'en
France & en quelques Pro-
vinces , les Laïques ne se
servent point des Loix des
Empereurs Romains , &
qu'il se rencontre rare-
ment des causes Eccle-
siastiques qui ne puissent
estre decidées par les Canons , afin que l'on s'atta-
che plus à l'estude de la
Sainte Escriture : le Pape
défend à toutes personnes
d'enseigner où d'appren-
dre le Droit Civil à Pa-
ris , & aux lieux circon-
voisins , sur peine d'estre
interdit de la fonction d'A-
vocat , & d'estre excom-

munié par l'Evesque Dio-
cesain. Ce sont à peu prés
ses paroles. Je ne pretends
pas examiner quelle a dû
estre en France l'autorité
de cette Decretale, si elle
obligeoit les Laïques, ou
les Ecclesiastiques seuls,
& si c'est la veritable cause de ce qu'il n'y a point
de Professeurs de Droit
Civil dans l'Université de
Paris : Je veux seulement
relever quelques faits qui
y sont marquez, & qui
servent à mon Histoire:
On y void que les Eccle-
siastiques mettoient les
Loix Seculieres bien au
dessous des Canons : on y
void encore que les Laï-

ques & les Ecclesiastiques
vivoient sous differentes
Loix ; & on peut tres-
bien conclurre de ses paroles que les Ecclesiastiques
suivoient le Droit Romain
en tout ce qui n'estoit point
decidé par le Droit Cano-
nique. Pour les Laïques
il est dit qu'ils n'usoient
point du Droit Romain ,
parce qu'ils suivoient leurs
Coustumes , telles que je
les ay expliquées. Car encore que le Droit Romain
fust le fonds & la principale partie de ces Coustumes ; il y estoit si meslé
qu'il n'estoit plus connois-
sable. Mais il faut sur tout
observer dans cette Decret

tale le nom de France, qui
y eſt pris dans une ſignifi-
cation fort eſtroite, & ſi
je ne me trompe, pour l'Iſle
de France ſeulement, en
ſorte que par les autres
Provinces on entend la
Normandie, la Bourgogne,
& les parties plus Septen-
trionales du Royaume,
d'où l'on peut inferer que
dés ce temps on diſtinguoit
le païs Couſtumier, du pays
de Droit écrit.

Ce fuſt ainſi que le Droit
de Iuſtinien revint au monde, qu'il ſe rendit plus ce-
lebre en Italie qu'il n'a-
voit jamais eſté, & s'eſten-
dit dans les autres parties
de l'Europe, où il n'avoit

point encore esté connu. Et
certainement c'est une chose digne d'admiration, que
ces livres qui avoient esté
composez à Constantino-
ple six cens ans auparavant,
& qui n'y estoient plus sui-
vis, ayant esté en partie
abolis par les Basiliques,
ayent esté receus avec tant
de veneration dans des païs
où jamais l'Empereur Iu-
stinien n'avoit commandé,
comme dans l'Espagne, la
France, l'Allemagne, &
l'Angleterre, sans que les
Puissances Ecclesiastiques
ou Seculieres les ayent au-
ctorisez par aucune Con-
stitution ; & que l'on se
soit accoustumé à nommer

ce qu'ils contiennent le
Droit Ecrit, le Droit
Commun, le Droit Civil
ou le Droit simplement,
comme s'il n'y avoit point
d'autre Droit considerable.
Voicy toutefois ce que je
m'imagine avoir pû estre
cause d'un evenement si
surprenant.

Pendant la plus grande
Barbarie on conserva toû-
jours quelque usage de la
Langue Latine, & quelques
vestiges des mœurs Ro-
maines. Le Moine Glaber
qui vivoit dans l'onziéme
siecle, appelle encore les
païs des Chrestiens le monde Romain, & nomme Bar-
bares les autres Peuples. Il
est

Orbis Roma-nus.

est vray que les Francs &
les autres Peuples vain-
queurs, avoient grand mé-
pris & grande aversion pour
les personnes de ceux qui se
disoient lors Romains, c'est
à dire des sujets de l'Empereur de Constantinople,
comme il a esté dit. Mais
il ne laissoit pas de rester
une idée confuse, que les
veritables manieres Ro-
miaines, estoient les meil-
leures; que tout ce qu'a-
voient fait les anciens Romains estoit excellent ; &
que leurs Loix en particulier estoient fort sages,
quoy que les Livres de ces
Loix fussent devenus tres-
rares, & qu'ils fussent tres-

peu connus. Le Droit de Iuſtinien fuſt donc bien receu, comme eſtant l'ancien Droit Romain, car les Savans de ce temps-là n'eſtoient pas aſſez habiles pour le diſtinguer d'avec leur veritable Loi Romaine, qui eſtoit le Code Theodoſien, ny ſpour ſavoir en quel temps Iuſtinien avoit vécu, en quel païs il avoit commandé, & de quelle autorité eſtoient ſes Conſtitutions. On regarda ſeulement le nom d'Empereur Romain.

De plus l'utilité de ces Loix eſtoit, fort grande. On y voyoit les principes de la Iuriſprudence bien

establis , non feulement
pour le Droit particulier
des Romains , mais encore
pour les Droits qui font
communs à toutes les Na-
tions. Car il n'y a guere de
maxime du Droit naturel
ou du Droit des Gens, qui
ne fe rencontre dans le Di-
gefte : & on y trouve d'ailleurs un nombre prefque in-
finy de Decifions particulieres tres-judicieufes. Mais il
eftoit principalement avan-
tageux pour les Princes,
qui y trouvoient la puif-
fance Souveraine en fon
entier, exempte des attein-
tes mortelles qu'elle avoit
receuës dans les derniers
fiecles : & montroient qu'ils

devoient joüir seuls de plusieurs droits que leurs Vassaux s'estoient attribués.
Ils y trouvoient mesme dequoy fonder de belles pre-
tentions. L'Empereur d'Allemagne avoit droit à la
Monarchie universelle, suivant l'application que les
Docteurs luy faisoient de ce
qui est écrit dans ces Loix.
Et d'autres Docteurs di-
soient aussi aux Rois, qu'ils
estoient Empereurs dans
leurs Royaumes. Enfin
tout l'esprit de ces Loix
tendoit à rendre les hom-
mes plus doux, plus socia-
bles & plus soûmis aux Puissances legitimes, & à ruiner
les Coustumes injustes &

tyranniques que la Barba-
rie avoit introduites. Il ne
faut donc pas s'estonner, si
ce Droit qui fut d'abord
mis au jour par la curiosité
de quelques particuliers &
par l'autorité des Savans,
s'établit insensiblement par
l'interest des Princes & par
le consentement des peu-
ples.

Il a toutefois esté receu
differemment selon la disposition des païs. Les Italiens l'embrasserent avec
ardeur si tost qu'il parut,
parce qu'il parut dans un
temps où lassés de la domination des Allemans qu'ils
tenoient pour Barbares,
quoy qu'ils ne le fussent

guere moins eux-mesmes; ils s'efforçoient de restablir le nom Romain, & de rappeller la memoire de leurs anceftres, ou pour mieux dire, des anciens Italiens. Joint qu'ils ne craignoient plus en devenant Romains, de devenir sujets de l'Empereur de Conftantinople, puifque ce fut environ dans le mefme temps que Conftantinople fut prife par les François. Et comme les deux Empires d'Orient & d'Occident fe trouverent lors entre les mains de ceux que l'on appelloit d'un nom general, Francs ou Latins, pour les diftinguer des Levantins & des Grecs, ce fut

une grande raison pour
estendre les Loix Romai-
nes par toutes leurs terres.
Il est vray neantmoins que
l'estude du Droit Romain
est entrée fort tard en Allemagne & vers le quinzié-
me siecle seulement : mais
aussi son autorité s'y est ré-
pandue universellement à
cause du nom de l'Empi-
re.

Pour nous renfermer
dans la France, il a esté
consideré comme Loy qui
oblige dans les lieux où la
Loy Romaine avoit jetté
pour ainsi dire de plus pro-
fondes racines, comme le
Languedoc, la Provençe,
le Dauphiné & le Lionnois,

N iiij

V. Her-
man,
Coring.
de orig.
Iuris
Ger-
man.

parce que ces pays avoient
esté les premieres conquestes des Romains, & les dernieres conquestes des François, & parce que la plus
grande partie reconnoissoit
lors l'Empereur d'Allema-
gne, comme leur Seigneur
direct : joint que le voisina-
ge de l'Italie leur donnoit
plus de commodité pour
estudier le Droit Romain.
De là vient qu'encore que
dans ces Provinces il soit
resté beaucoup de Coustu-
mes differentes de ce Droit,
elles n'y sont pas fort op-
posées, & ont peu d'estendue. Au contraire dans le
reste de la France les Cou-
tumes ont prévalu, & le

Droit Romain n'est point observé dans tous les cas où la Coustume y est contraire, qui sont en tres-grand nombre. C'est la différence du païs Coûtumier d'avec le païs de Droit Escrit. De savoir si le Droit Romain est le Droit commun en païs Coustumier pour les cas qui ne sont point exprimez par les Coustumes, c'est une question qui a esté agitée de part & d'autre par les Savans des derniers temps, entre autres par le President Lizet, & le President de Thou, & je n'entreprendray pas de la decider.

L'eſtude du Droit de Juſtinien apporta un grand changement au Droit François, qui comme j'ay dit, ne conſiſtoit lors qu'en Coûtumes. Car on jugea le Droit Romain ſi neceſſaire que dans toutes les affaires on ne ſe ſervoit plus que de ceux qui l'avoyent eſtudié, ſoit pour juger, ſoit pour plaider, ſoit pour rediger par écrit les conventions & les Traittez. De ſorte que dans les premiers temps tous les Officiers de Iuſtice juſques aux Procureurs & aux Notaires eſtoient Graduez en Droit, & Clercs par conſequent : car les

Laïques n'eſtudioient pas
encore. Ces gens, ſoit pour
ſe rendre neceſſaires , ſoit
de bonne foy , croyant
faire mieux que leurs pre-
deceſſeurs changerent toutes les Formules des Ac-
tes publics. Car juſques-
là on les faiſoit fort ſim-
ples, & on n'y mettoit rien
de ſuperflu , ſinon quel-
ques mauvais préambules
que l'on copioit dans tous
les Actes de meſme eſpece.
Mais depuis l'an 1250. ou
environ, on commença à
charger les Actes d'une
infinité de clauſes, de con-
ditions , de reſtrictions &
de renonciations, pour ſe
mettre à couvert des re-

gles les plus generales, &
bien souvent de celles qui
ne pouvoient convenir aux
parties : enfin on expri-
moit des choses qui la
pluspart se seroient bien
mieux entendues, si l'on
n'en eut fait aucune men-
tion. L'esprit de défiance
qui regnoit lors, & qui
estoit sans doute un reste
des hostilitez passées, faisoit estimer ces Cauteles,
car on les appelloit ainsi,
& il semble que celuy qui
en mettoit le plus, & qui
faisoit les Actes les plus
prolixes, passoit pour le
plus habile homme. Ce
mesme esprit apporta un
grand changement dans

l'inftruction & dans le jugement des procez. Car au lieu qu'ils fe decidoient auparavant avec peu de ceremonie par les Seigneurs & par ceux qui avoient le plus d'experience des Coûtumes : depuis ce temps on les embarraffa d'une infinité de procedures & de délais, en forte que l'on ne pouvoit plus les terminer fans le fecours des Clercs & des Docteurs.

L'eftude du Droit Romain eut fes avantages auffi bien que fes inconveniens. Elle adoucit fort la dureté des Couftumes : & elle eftablir des maximes certaines, fur lefquelles on peut raisonner d'un cas à l'autre. Et c'est sans doute ce qui a fait que l'on a cessé d'alleguer, & mesmes de lire les anciennes Loix des Barbares. Car au temps que l'on commença d'estudier le Droit Romain, on les connoissoit encore, puisque Otton de Frisingue dit que de son temps les plus nobles des François suivoient encore la Loy Salique, & l'Auteur du second Livre des Fiefs dit que les causes se jugeoient en Italie, ou par les Loix Romaines, ou par les Loix des Lombards, ou par les Coustumes du Royaume, c'est à dire à ce qu'on croit, de

Otto
Frising.
lib. 4.
Chron.
cap. 32.

l'Empire d'Allemagne. De-
puis, ces Loix anciennes
font difparües, & du temps
de Philippes de Valois, où
l'on pretend que la Loy
Salique fuſt de ſi grand u-
fage, on n'alleguoit point
ſes paroles comme d'une
Loy écrite, mais ſeule-
ment ſa force comme d'une
Coûtume inviolable, on
ne ſe ſervoit point meſme
du nom de la Loy Salique:
& le premier qui en ait parlé, que je ſache, eſt Claude
de Seiſſel Eveſque de Mar-
ſeille ſous Louis XII.

Les Coûtumes receurent
donc un changement no-
table, tant par les nou-
veaux uſages qui s'introdui-

sirent dans les traittez &
dans les jugemens, que par
maximes nouvelles qui fu-
rent lors receuës ou éclair-
cies. Et c'est ce melange
du Droit Romain avec les
Coustumes, qui fait le Droit
François d'aujourd'huy.

Il reste à voir en quelle
forme ce Droit est venu
jusques à nous, C'est à dire
comment on a redigé par
escrit les anciennes maximes des Coustumes. Les
mesmes causes qui produi-
sirent les Coustumes les pro-
duisirent differentes en
chaque païs. J'appelle icy
païs, ce qui est nommé *Pa-*
gus, dans les actes du temps
de Charlemagne & de ses
succes-

successeurs, c'est à dire le territoire de chaque Cité, qui estoit le gouvernement d'un Comte, & pour l'ordinaire estoit aussi un Diocese. Les Coûtumes s'y trouverent differentes par la diversité qu'il y eut dans les usurpations de la Puissance publique : dans les Traittez des Seigneurs entre eux & avec les Communes : dans le stile de chaque Jurisdiction : dans les opinions differentes des Juges. La division des païs y fit aussi beaucoup ; car ils qui ne despendoient point les uns des autres, & estoint tres-souvent en Guerre ; jusques-là que ce Droit de

Ce sont des côjectures de du Molin.

Guerre faisoit une partie
considerable de leurs Cou-
tumes, & avoir ses regles
& ses maximes. C'est pourquoy la diversité est de-
meurée bien plus grande
dans les Provinces qui ont
dépendu de differens Sou-
verains, comme entre ce
qui a esté sous la domination des Anglois, & le reste
de la France. En ces ren-
contres la raison d'Estat
s'y mesloit, & chaque
Prince estoit bien-aise que
ses sujets s'esloignassent de
la maniere de vivre des sujets de l'autre, afin que la
réünion fust plus difficile.
Dans les païs soûmis à un
mesme Souverain, la jalou-

sie qui est ordinaire entre les voisins, faisoit aussi que les Juges & les Officiers affectoient des maximes differentes, & laissoient cette émulation à leurs successeurs.

Cette diversité de Coûtumes devint fort embarrassante, lorsque les Provinces furent réünies sous l'obeïssance du Roy, & que les appellations au Parlement devinrent frequentes. Car comme les Juges d'appel ne pouvoient pas sçavoir toutes les Coûtumes particulieres, & qu'elles n'estoient point écrites en forme authentique : Il falloit ou que les parties

en convinssent, ou qu'elles
en fissent preuve par té-
moins. De sorte que tou-
tes les questions de Droit
se reduisoient en faits, sur
lesquels il falloit faire des
enquestes par turbes, fort
incommodes pour la des-
pence & pour la longueur.
De plus ces enquestes n'é-
toient pas un moyen seur
de sçavoir la veritable Coûtume, puisqu'elles dépen-
doient de la diligence, ou
du pouvoir des parties, de
l'experience, & de la bonne
foy des témoins. Ainsi il
se trouvoit quelque-fois
preuve égale de deux Coû-
tumes directement oppo-
sées dans un mesme lieu.

sur un mesme sujet. L'on
peut juger combien cette
commodité de se faire un
Droit tel que l'on en a-
voit besoin, faisoit entre-
tenir de faux témoins , &
combien l'estude de la Jurisprudence estoit ingrate,
puis qu'apres qu'un hom-
me avoit appris le Droit
Ecrit avec beaucoup de
travail, ou que par sa me-
ditation il avoit tiré de
bonnes consequences sur
des principes bien esta-
blis, il ne falloit pour ruï-
ner toutes ses autoritez &
toutes ses raisons, qu'alleguer une Coûtume con-
traire , & souvent faus-
se. Enfin les Coûtumes

estoient tres incertaines en
elles-mesmes, tant par l'injustice des Baillifs & des
Prevosts qui les mépri-
soient pour executer leurs
volontez, que par la pre-
somption de ceux qui s'at-
tachoient plus à leurs opinions particulieres qu'à ce
qu'ils avoient appris par la
tradition de leurs anciens.
C'est ainsi qu'en parloit
Pierre de Fontaines, dés
le temps de saint Loüis,
se plaignant que son païs
estoit presque sans Coû-
tume, & qu'à peine en
pouvoit-on trouver un
exemple asseuré par l'avis
de trois ou quatre personne-
nes. Ie croy que l'estude

du Droit Romain y contribua beaucoup. Car comme il estoit estimé universellement, sans estre bien entendu ny legitimement autorisé, chacun en suivoit ce qu'il vouloit, ou ce qu'il pouvoit. Joint que les plus sçavans en Loix n'estoient pas les plus experimentez dans les Coûtumes, qui ne s'apprennent que par l'usage des affaires: & toutesfois leurs opinions estoient fort respectées, elles étoient suivies dans les jugements, & il y en a grand nombre qui ont passé en Coûtume.

Il n'y avoit que l'Ecriture qui pust fixer les Coûtu-

mes & les rendre certaines
malgré leur diversité. Aussi
on commença à les écrire
si - tost que les desordres
qui les avoient produites
furent un peu calmés, &
que le temps les eust un
peu affermies. Ce fust sur
la fin de l'XI. siecle. Et
quoy qu'il nous reste peu
de memoire de redactions
si anciennes, je presume
toutefois que ce qui paroist
avoir esté fait en certains
pays, s'est aussi fait ailleurs,
& que le temps & les re-
dactions posterieures ont
fait perir la pluspart des
plus anciennes. La pre-
miere que je connoisse, est
celle des Usages de Barce-
lonne

lonne par authorité du Comte Raimond Berenger le vieux en 1060. Les anciens Fors de Bearn estoient pour le moins du mesme temps, puisqu'ils furent confirmez en 1088. par le Vicomte Gaston IV. Et vers le mesme temps encore, c'est à dire en 1080. ou environ, Guillaume le Bastard ayant conquis l'Angleterre, fit assembler les plus nobles, & les plus sages de chaque Comté, & sur leur témoignage fit rediger les anciennes Coûtumes des Anglois-Saxons & des Danois qui estoient mélez avec eux. Ce fut l'Archevêque d'York, & l'Evé-

que de Londres qui les écri-
virent de leur propre main.
Ie mets au nombre de ces
Couſtumes rédigées les Livres des Fiefs des Lom-
bards, qui furent compo-
ſez vers l'an 1150. par deux
Conſuls de Milan ; Ils portent le titre de Couſtumes,
& ne ſont en effet que des
uſages anciens, recüeillis
par des Iuges fort experimentez. On y peut auſſi
rapporter le *Speculum juris
Saxonici*, qui eſt le plus ancien original du Droit
d'Allemagne, bien que ſuivant l'opinion des plus doc-
tes il n'ait eſté écrit que
vers l'an 1220.

En France on écrivit auſſi

Sachſ-
ſen-
Spiegel.

V. Her-
man,
Con-
ring.
hiſt. Iu-
ris Ger-
man.

les Coustumes vers le mes-
me-temps : & ces premiers
écrits furent principale-
ment de trois fortes. Les
Chartes particulieres des
Villes, les Coustumiers des
Provinces , & les Traittés
des Praticiens. Il faut un
peu nous arrester sur chacune de ces especes.

Vers la fin du XII. siecle,
& pendant tout le XIII.
on écrivit les Droits des
Communes de plusieurs
Villes, dont je croy que
les Chartes ont esté les premiers originaux des cahiers
de nos Coustumes. Je ne
parleray que de celles que
j'ay veuës , ou entieres ou
énoncées dans des Histoi-

res, mais elles suffiront pour faire juger des autres; car je ne doute pas qu'il ne s'en trouve un tres grand nombre de semblables.

La plus ancienne est la Charte de la Commune de Beauvais donnée par le Roy Loüis le Jeune, en 1144. qui contient l'expression de plusieurs Coûtumes, concernant la Iurisdiction du Maire & des Pairs. Elle ne porte que confirmation de ces droits déja accordez par le Roy Loüis le Gros; mais on n'en rapporte point les lettres, & peut estre n'estoit ce qu'une concession verbale. De mesme l'on pre-

tend que Guillaume Talvas
Comte de Ponthieu ac-
corda le droit de Commu-
ne à Abbeville vers l'an
1130. ; quoy que la Charte
de Iean II. qui est rappor-
tée ne soit que de l'année
1184. Ie trouve aussi qu'en
1173. Henry I, Roy d'An-
gleterre, permit aux Ha-
bitans de Bordeaux d'élire
un Maire. En 1187. Hu-
gues Duc de Bourgogne
accorda aux Habitans de
Dijon le droit de Commu-
ne semblable à celle de
Soissons, qui par conse-
quent est plus ancienne,
mais dont la Charte n'est
point dattée. La Charte
de la Commune de Beaune

Hist.
des
Com-
tes de
Ponth.

Chron.
Bour-
deg.

Re-
cueil de
pieces
servant
à l'Hi-
stoire
de
Bourg.
par Mr
du Pey-
rat.

est de 1203. Celle de Bar-
sur-Seine de 1234. Celle
de Semur de 1276. Ie pourrois en rapporter de plu-
sieurs autres lieux, mais
ils ne sont pas assez considerables. Ie mets en ce
rang l'establissement fait
à Roüen en 1205. entre les
Clercs & les Barons de
Normandie: qui contient
plusieurs Coustumes, tou-
chant la Iurisdiction Ec-
clesiastique, certifiées par
les Experts : la Charte
de Roüen donnée par le
Roy Philippe Auguste en
1207. qui est la confirmation des anciens Droits &
Privileges de cette Ville,
pour ce qui regarde la

Hist.
Norman,
de du
Ches-
ne : à la
fin.

Commune & le trafic : en-
fin l'establissement de la
Commune de Roüen, de
Falaise, & du Ponteau-de-
mer, qui est sans datte,
mais qui semble estre plus
ancien, & regle la crea-
tion & le pouvoir du Maire
& des Eschevins.

Outre ces Titres parti-
culiers à chaque Ville, on
commença aussi à écrire
les Coustumes des Provin-
ces entieres : & c'est le second genre d'écrits que
j'ay marqué. Telles sont
les anciennes Coustumes
de Champagne publiées
par Pithou, celles de Bourgogne qui se trouvent dans
le mesme Recuëil que les

Chartes de Dijon, les Couſtumes notoires du Chaſtelet de Paris, publiées par Brodeau, qui ſont la pluſpart des Reſultats d'Enqueſtes par Turbes, faites depuis l'an 1300. juſques en 1387. L'ancienne Couſtume de Normandie, celle d'Anjou, les anciens uſages d'Amyens, & pluſieurs autres qui ſe trouvent encore en Manuſcrits. Mais les plus conſiderables ſont les Eſtabliſſemens de Saint Loüis, qui contiennent les Couſtumes de Paris, d'Orleans & d'Anjou, telles qu'elles eſtoient lors. Où il faut obſerver que le nom d'Eſtabliſſement ſi-

A la fin de la Vie de Saint Louïs, par Mr du Freſne du Cange.

gnifie Edit ou Ordonnan-
ce. Pierre de Fontaines,
qui vivoit du mesme temps
le fait voir, puisque tra-
duisant une Loy du Diges-
te, il appelle l'Edit du Pre- Dans le mesme recüeil d'hist. de S. Loüis. 1
teur ban & establiſſement.
Je le mets toutefois au rang
des Couſtumes, parce que
la Preface porte expreſſément, qu'ils ſont faits pour
confirmer les bons uſages,
& les anciennes Couſtumes
avec quelques corrections,
tirées des Loix & des Ca-
nons. Saint Loüis les fit en
l'année 1270. avant ſon
voyage d'Afrique.

La troiſiéme eſpece d'é-
crits, qui contiennent auſſi
les meſmes choſes, & peu-

vent paſſer pour les originaux de nos Couſtumes,
ſont les Ouvrages que quelques particuliers habiles
compoſerent en ce meſme
temps, pour l'inſtruction
des autres : comme le Conſeil de Pierre de Fontai-
nes ; le Livre d la Reine
Blanche, que l'on croit
eſtre du meſme Autheur,
les Couſtumes de Beau-
voiſis de Philippes de Beau-
manoir, compoſées en 1283.
La Somme Rurale de Bou-
teiller, le grand Couſtu-
mier compoſé ſous le Rei-
gne de Charles V I. & les
Deciſions de Jean des Ma-
rets, que Brodeau a pu-
bliées avec les Couſtumes

notoires. Comme j'estime
que les cahiers des Coustumes dont on s'est servy aux
redactions solemnelles ont
esté dressées sur ces Originaux, je croy devoir dire
un mot de ce qu'ils con-
tiennent.

Les mots d'Vs & Cost-
umes, Fors & Coustumes,
Franchises & Privileges, ne
sont pas synonimes comme
on le pourroit juger. Le
nom de Coustumes signifie
quelquefois les usages, &
en ce sens il est opposé a celui de Fors qui signifie les
Privileges des Commu-
nautez, & ce qui regarde
le droit public. Quelque-
fois on oppose les Coustu-

mes aux Us, & alors elles
signifient les Droits particuliers de chaque lieu,
principalement les rede-
vances envers les Seigneurs,
& les Us signifient les maximes generales. Les Franchises sont principalement
les exemptions des droits
de servitude, comme de
Main-morte, ou de For-
mariage, pour remettre des
Serfs dans le droit com-
mun; Et les Privileges sont
des droits attribuez à des
personnes franches, outre
ce qu'elles avoient de droit
commun : comme le Droit
de Commune & de Ban-
lieue, l'usage d'une forest,
l'attribution des causes à

une certaine Jurisdiction.
Il se peut faire toutefois
qu'en differents païs ces
mots d'Us, Coustumes, &
les autres ayant esté pris
en des significations differentes : & je ne pretends
point que l'on prenne à la
rigueur les definitions que
j'en ay données.

Ce que contiennent ces
anciens originaux des Coûtumes, regarde principa-
lement les nouveaux droits
qui s'estoient establis pendant le temps de desor-
dre. Premierement pour le
Droit public, les Droits
du Prince, du Comte, &
des autres Seigneurs ; la
Jurisdiction des Seigneurs

& celle des Communes ;
en suite le Droit des Fiefs,
les Censives, les Bannali-
tez & les autres Droits
Seigneuriaux, les Giftes,
les Fournitures & les Cor-
vées que les Communes
devoient aux Seigneurs.
La difference des Gentils-
hommes & des Gentils-
femmes d'avec les Couftu-
Villani. miers & les Vilains Francs
ou Serfs. Le Droit de
Guerre, le Droit de Duël
& des Champions. Ce que
l'on y voit le plus au long
font les formalitez de Juftice, & la procedure du
temps, fuivant le ftile de
Cour-Laye ; car ils ne man-
quoient jamais d'obferver

cette diſtinction , à cauſe
de la Iuriſdiction Eccleſiaſtique qui eſtoit lors la plus
eſtenduë. Ainſi l'on void
que ceux qui ont redigé
ces Couſtumes , ont toû-
jours ſuppoſé qu'il y avoit
un autre Droit par lequel
on ſe devoit regler dans
toutes les autres matieres,
comme dans les Contracts
& les ſucceſſions ; & n'ont
pretendu marquer que ce
qu'ils croyoient eſtre le
plus ſingulier , & qui dérogeoit le plus au Droit
Commun. Or je ne vois
pas quel pouvoir eſtre ce
Droit Commun , ſi ce
n'eſtoit le Droit Romain.
En effet , ils le citent

frequemment sous le nom de Loix, & de Loy escrite. Il semble aussi que c'est par la mesme raison que ces escrits ont esté composez en François, bien qu'alors on escrivist encore tout en Latin, comme estant des choses qui ne pouvoient estre bien expliquées qu'en langue vulgaire, & qui devoient estre entenduës de tout le monde.

Ces escrits ont toutefois entre eux plusieurs differences, & l'on y peut observer le changement qui est arrivé dans nostre Droit. Les plus anciens tiennent encore beaucoup

de

de la dureté des Loix des
Barbares. Il y eſt ſouvent
parlé de playes à ſang, de
mutilation de membres,
d'amendes pour les forfaits,
d'aſſurément, d'infraction
de paix, & d'autres choſes
ſemblables. Mais ce qui eſt
écrit depuis trois cens ans
aproche bien plus du Droit
Romain & de la Juriſpru-
dence d'aujourd'huy. On
y void des Queſtions tou-
chant les Succeſſions & les
Teſtaments, les Mariages
& les autres Contracts : &
beaucoup plus de forma-
litez de procedure. Je me
ſuis eſtendu ſur ces anciens
Originaux, par ce que des
perſonnes tres-capables ju-

gent que ce sont les meil-
leurs Commentaires des
Coûtumes, en ce que l'on y
peut voir l'esprit du Droit
qu'elles contiennent, & la
suite de leur changement.
Tous ces écrits n'empes-
choient pas que le Droit
Coûtumier ne fust encore
incertain, parce qu'ils
estoient ou sans autorité,
ou trop anciens, ou trop
succints. C'est pourquoy
on jugea necessaire de rediger les Coûtumes par écrit,
plus exactement & plus so-
lemnellement. Le dessein
en fut formé sous le Re-
gne de Charles VII. qui
aprés avoir chassé les Anglois de toute la France,

entreprit une reformation
generale de toutes les parties de son Eftat ; & fit
entre autres une grande
Ordonnance , dattée du
Montil-les-Tours en 1453.
dont le 123. Article porte:
Que de là en-avant toutes
les Couftumes du Royau-
me feroient efcrites & ac-
cordées par les Praticiens
de chaque païs , puis examinées & authorifées par
le grand Confeil, & par
le Parlement : & que les
Couftumes ainfi redigées
& approuvées feroient ob-
fervées comme Loix, fans
qu'on en puft alleguer d'autres. Du Molin pretend
que le deffein eftoit de

mesler toutes les Coustu-
mes ensemble, pour n'en
faire qu'une Loy generale,
Et que l'on n'a redigé &
authorisé chaque Coustu-
me en particulier que par
une maniere de provision,
comme disent les Praticiens
afin que les peuples eus-
sent quelque chose de certain pendant que l'on tra-
vailleroit à la reformation
generale. En effet c'estoit
la meilleure voye qu'on
peust tenir pour donner à
la France de bonnes Loix.
C'est celle que les anciens
Legislateurs ont suivie:
& Platon dit, que comme
les Estats ont esté formez
de plusieurs familles join-

tes ensemble, les Loix ont
esté composées des Coûtu-
mes de ces familles, entre
lesquelles quelque sage a
choisi les plus raisonnables
pour les rendre communes
à tout l'Estat, abolissant
tout à fait les plus injustes
& laissant encore quelque
chose de particulier à chaque famille dans les matieres moins importantes. On
eust peû faire la mesme
chose en France, conside-
rant chaque petite Pro-
vince comme une famille
à l'égard de ce grand Estat.
C'est ce que du Moulin dit
que l'on vouloit faire, luy
qui le pouvoit sçavoir par
une tradition fort prochai-

ne: & Philippes de Com-
mines semble le prouver
lors qu'il dit que le Roy
Loüis XI. desiroit fort
qu'en ce Royaume on vsast
d'une Coustume , d'un
poids , d'une mesure , &
que toutes les Coustumes
fussent mises en François,
en un beau Livre , ce sont
ses termes. Il n'y a eu jusques à present que la premiere partie de ce grand
dessein executée ; c'est à
dire la redaction des Coustumes : mais on n'a point
encore entrepris d'en com-
poser des Loix. Mesme la
redaction s'est faite fort len-
tement, & n'a esté achevée
que plus de 100. ans apres

la mort de Charles VII.

La plus ancienne est la redaction de la Coustume de Ponthieu, faite sous Charles VIII. & de son authorité en 1495. Il y en eut plusieurs sous Loüis XII. depuis l'an 1507. L'on continua à diverses reprises sous François I. & sous Henry II. & il s'en trouva encore quelques-uns à rediger sous Charles IX. Si l'on veut compter ces Coustumes, on en trouvera jusques à 285. en y comprenant les Coustumes locales & celles des païs voisins, comme les Païs-Bas où l'on les a redigez à l'imitation de la

France. Et ne comptant que les principales du Royaume, on en trouvera bien 60. la pluſpart fort differentes. Cependant on s'apperceut il y a environ 100. ans qu'il eſtoit arrivé beaucoup de changement depuis les redactions qui avoient eſté faites au commencement du meſme Siecle, & qu'il y avoit des obmiſſions conſiderables; de ſorte que l'on reforma pluſieurs Couſtumes comme celles de Paris, d'Orleans, d'Amiens, ce qui ſe fiſt avec les meſmes Ceremonies que les premieres redactions.

Il eſt neceſſaire pour bien

bien entendre les coustu-
mes, de connoistre ces ceremonies & ces formalitez
que l'on a observées pour
les rediger : & quoy que
tout le monde les puisse
voir dans les procez ver-
baux, la lecture en est si
ennuyeuse, que j'ay crû devoir les marquer icy en
peu de paroles. Premiere-
ment le Roy donnoit des
Lettres patentes, en vertu
desquelles on faisoit assembler par Deputez les trois
Estats de la Province. Le
Resultat de la premiere
assemblée estoit d'ordon-
ner à tous les Juges Royaux,
aux Greffiers, à ceux qui
l'avoient esté, & aux Mai-

R

res & Eſchevins des Villes
d'envoyer les Memoires des
Couſtumes, des Uſages &
des Stiles qu'ils auroient
veu pratiquer de tout
temps. Les Eſtats choi-
ſiſſoient quelques Notables,
en petit nombre, entre les
mains de qui l'on remettoit
ces memoires pour les mettre en ordre & en compo-
ſer un ſeul cahier. Enſuite
on liſoit ce cahier dans
l'aſſemblée des Eſtats, pour
examiner ſi les Couſtumes
eſtoient telles qu'on les a
voit redigées, pour en ac-
corder les articles, ou les
changer, s'il eſtoit beſoin;
enfin on les envoyoit au
Parlement pour y eſtre re-

giſtrées. Cet ordre eſt expliqué dans le procez verbal
de la Coſtume de Pon-
thieu, qui eſt comme j'ay
dit la premiere redigée, &
qui le fuſt par des Officiers
des lieux. La pluſpart des
autres ont eſté redigées par
des Commiſſaires tirez du
corps du Parlement. C'eſt
à dire que ces Commiſſaires
ont preſidé à l'aſſemblée
des Eſtats où ſe faiſoit la
lecture des cahiers ; mais il
ne faut pas croire qu'ils
ayent compoſé ces ca-
hiers , ny qu'ils ayent pû
les corriger à loiſir. C'e-
ſtoit, comme j'ay dit, l'ouvrage des Praticiens de
chaque Siege , qui ſans

doute auoient suivy les autres escrits plus anciens dont j'ay parlé. On ne devoit attendre de ces gens-là ny politesse ny methode, & il estoit impossible de penser à l'arrangement ny au stile lors qu'on lisoit ces cahiers dans les assemblées ; c'estoit bien assez d'y pouvoir établir les choses en substance : can on est toûjours pressé en ces rencontres. Il ne faut donc pas s'étonner si les Coustumes sont redigées avec si peu d'ordre, , & d'un stile si peu exact, quoy que les Commissaires dont on void les noms en teste ayent été de grands perfonnages.

Apres avoir expliqué comment on a redigé par écrit le Droit des Coûtumes , il ne reste qu'à montrer comment on a eſtably pluſieurs nouveaux Droits par les Ordonnances.

Nous n'appellons Ordonnances que celles des Rois de la troiſiéme Race : car celles des Rois precedens ſont connuës ſous le nom de Capitulaires ou de Loix , & font partie de ce que j'appelle le droit ancien de la France. Toutefois le nom d'Ordonnance ſemble avoir pris ſon origine du reglement,

que Charlemagne faisoit
tous les ans, pour l'ordre
de son Estat & de sa Mai-
son : Car on a long-temps
continué d'user de ce
mot, & du temps de saint
Loüis, on appelloit enco-
re Ordonnance, ce qu'on
appelle aujourd'huy l'Estat
de la maison du Roy. De-
puis on l'a étendu à toutes
les Lettres Patentes, par
lesquelles le Roy propose
quelque chose pour estre
observé generalement. Mais
cette signification n'est en
usage que depuis le temps
de saint Loüis, au moins
je ne connois rien de plus
ancien, qui merite le nom
d'Ordonnance, au sens que

nous le prenons aujour-
d'huy : & le recueil le plus
ample, qui est celuy de
Fortanon, n'en contient
point de plus anciennes.
Ce que j'ay veu des Pre-
decesseurs de saint Louys,
ne sont que des Chartes
de privileges & de regle-
mens particuliers en faveur
des Eglises, des Commu-
nes, des Villes ou des
Universitez : car ces corps
commençoient à se for-
mer. Mais il semble qu'ils
ne faisoient point ces actes comme Rois, puisque
les Seigneurs en faisoient
de semblables chacun dans
leurs terres, & la pluspart
de ces anciens Reglemens

ayant paſſé en Couſtumes ont eſté compris dans les redactions. Que s'il y avoit quelque droit nouveau à établir, ou quelque queſtion importante à decider, le Roy le faiſoit dans l'aſſemblée de ſes Barons, & les Seigneurs en uſoient de meſme à proportion avec leurs Vaſſaux, ainſi c'étoit comme une convention entr'eux tous, ou un jugement donné par leur conſeil. On peut donner pour exemple de ces conventions *l'Aſſiſe au Comte Geoffroy*, qui eſt un reglement fait en Bretagne, pour les ſucceſſions des

nobles en 1287. & un an-
cien Reglement de Philip-
pes Augufte, pour la mou-
vance des fiefs partagés,
fait en 1210. du confente-
ment de plufieurs Sei-
gneurs, dont le nom eft
mis en tefte de l'acte, auffi
bien que celuy du Roy.
Pour exemples des juge-
mens folemnels, qui font
l'autre efpece que j'ay mar-
quée, nous avons les an-
ciens Arrefts du Parle-
ment, comme ceux qui
font rapportez à la fin du
Stile, entre les œuvres de
du Molin, & qui font nom-
mez indifféremment Edits
ou Arrefts : De forte que
le mot d'Arreft fignifioit

ſimplement le reſultat d'u-
ne deliberation, & com-
me on diroit aujourd'huy,
un arreſté. Je croy pour
le dire en paſſant, que c'eſt
l'origine de la grande authorité, que le commun
des Praticiens donne aux
Arreſts, les conſiderant
comme des Loix, joint
qu'avant la redaction des
Couſtumes, il n'y avoit
point de meilleure preuve
de l'uſage, qu'un grand
nombre d'Arreſts confor-
mes, D'où vient qu'à la
fin des anciens manuſcrits
des Couſtumes, on trouve
d'ordinaire des Arreſts de
la Cour Souveraine du
païs,

Pour revenir aux Or-
donnances, celles de faint
Loüis ont paru fi confide-
rables , que les Autheurs
de fa Vie les ont rappor-
tées dans leurs Hiftoires.
Il y en a de plufieurs matieres. Pour la Religion ;
contre les Iuifs , contre
les Blafphemateurs , con-
tre les entreprifes des Ec-
clefiaftiques. Pour la Iufti-
ce : du devoir des Baillifs &
des autres Officiers. Pour
la Police : contre les lieux
publics de jeu & de de-
bauche. On pourroit ainfi
marquer ce que contien-
nent les Ordonnances des
autres Rois, mais ce feroit
faire l'Hiftoire de France

par les Ordonnances , ce
que je n'ay pas entrepris :
on peut voir les Tables
Chronologiques que l'on
en a faites , au commen-
cement de la Conference
de Guenois. Ie diray feu-
lement en general , que
prefque tout ce qu'elles
contiennent regarde le
droit public , & regle les
droits du Roy, & le pou-
voir des Officiers. Delà
vient que l'on a fait un
plus grand nombre d'Edits
fans comparaifon depuis le
commencement du regne
de François I. que dans
tous les temps precedens,
parce que c'eft depuis ce
temps que l'on a efta-

bly la plufpart des fub-
fides, & creé la plufpart
des Offices en titre, pour
les rendre venaux. Il y a
auffi un grand nombre
d'Ordonnances employées
à regler les procedures &
les formalitez de la Iufti-
ce : mais il y en a fort peu
qui contiennent des regles
pour les affaires des particuliers, & des maximes de
Iurifprudence. Ainfi l'utilité du Droit Romain n'eſt
pas moindre qu'elle eſtoit
lors que l'on recommença
à l'eſtudier : quoy qu'il n'y
euſt lors, ny Couſtumes
écrites, ny Ordonnances.
Car fi d'un coſté l'on en a
aboly expreſſément quel-

ques maximes, comme le privilege du Senatus-Sconsulte Velleien: on en a estably d'autres expressément, comme par l'Edit des secondes Nopces, & toutes les Ordonnances ont esté composées par des gens sçavans en Droit Romain. Voila ce que j'ay pû recueillir de plus certain de l'Histoire du Droit François. Si quelqu'un veut s'appliquer à cette mesme recherche, je ne doute pas qu'il ne trouve beaucoup de choses qui me sont échappées faute de lumiere & de travail: joint que ces sortes de connoissances qui dépendent des faits

augmentent toûjours avec
le temps. Pour moy je se-
ray content si ceux que leur
profession oblige à savoir
noftre Droit, sont excitez
par cet écrit à en connoi-
tre les sources.

FIN.

plaisoit luy donner la permiſſion de le faire imprimer , requerant pour cet effet nos Lettres ſur ce neceſſaires. A CES CAUSES, deſirant favorablement traiter ledit Expoſant, Nous luy avons de noſtre grace ſpeciale, pleine puiſſance , & authorité Royalle, permis & accordé, permettons & accordons par ces preſentes, d'imprimer ou faire imprimer ledit livre, en telle marge, caractere , & autant de fois que bon luy ſemblera, vendre & debiter iceluy par tout noſtre Royame, Pays, Terres & Seigneuries de noſtre obéiſſance, durant le temps de ſept ans, à compter du jour qu'il ſera achevé d'imprimer ; pendant lequel temps Nous faiſons tres-expreſſes inhibitions & deffences à tous Libraires, Imprimeurs & autres perſonnes de quelque qualité & condition

S

qu'elles soient, d'imprimer ou
faire imprimer ledit Livre, sous
pretexte de changement, augmentation, correction ou autrement, en quelque sorte & maniere
que ce soit, vendre ny debiter
iceluy sans la permission dudit Exposant, ou de ceux qui auront
droit de luy, à peine de quinze
cens livres d'amande, applicable un tiers à Nous, un tiers à
l'Hospital General, & l'autre
tiers audit Exposant, confiscation des exemplaires contre-faits,
& de tous dépens, dommages, &
interests au profit dudit Exposant,
à condition qu'il sera mis par ledit Exposant, deux exemplaires
dudit livre en nostre Biblioteque
publique, un en celle du Cabinet
de nos Livres en nostre Chasteau
du Louvre, & un en celle de nostre tres-cher & feal le Sieur Daligre, Chevalier, Chancelier de

France, avant que de l'expofer en vente, à peine de nullité des prefentes, du contenu defquelles vous mandons faire joüir & ufer ledit Expofant & ceux qui auront droit de luy, pleinement & paifiblement, ceffant & faifant ceffer tous troubles & empefchemens au contraire : Voulons que mettant au commencement ou à la fin dudit livre, un extrait des prefentes, elles foient tenues pour bien & deuement fignifiées à tous ceux qu'il appartiendra : Mandons au premier noftre Huiffier ou Sergent fur ce requis, faire pour l'execution des prefentes, tous Exploits requis & neceffaires, fans pour ce demander autre permiffion. CAR tel eft noftre plaifir. DONNE' à Saint Germain en Laye le douziéme jour de May, l'an de Grace mil fix cens foixante & douze, & de

noſtre Regne le vingt-neufiéme.
Signé, Par le Roy en ſon Conſeil, C A D E T , Et ſcellé du
grand Sceau de cire jaune.

*Regiſtré ſur le Livre de la
Communauté des Imprimeurs &
Libraires de Paris, le dix-neuf
May 1672. ſuivant l'Arreſt du
Parlement du 8. Avril 1653.
& celuy du Conſeil Privé du
Roy du 27. Fevrier 1665.*

Achevé d'imprimer pour la
premiere fois le 20. Fevrier 1674.

9 782013 449939